1 MONTH OF FREE READING

at

www.ForgottenBooks.com

By purchasing this book you are eligible for one month membership to ForgottenBooks.com, giving you unlimited access to our entire collection of over 1,000,000 titles via our web site and mobile apps.

To claim your free month visit:

www.forgottenbooks.com/free1311337

* Offer is valid for 45 days from date of purchase. Terms and conditions apply.

ISBN 978-0-428-81296-6
PIBN 11311337

This book is a reproduction of an important historical work. Forgotten Books uses state-of-the-art technology to digitally reconstruct the work, preserving the original format whilst repairing imperfections present in the aged copy. In rare cases, an imperfection in the original, such as a blemish or missing page, may be replicated in our edition. We do, however, repair the vast majority of imperfections successfully; any imperfections that remain are intentionally left to preserve the state of such historical works.

Forgotten Books is a registered trademark of FB &c Ltd.
Copyright © 2018 FB &c Ltd.
FB &c Ltd, Dalton House, 60 Windsor Avenue, London, SW19 2RR.
Company number 08720141. Registered in England and Wales.

For support please visit www.forgottenbooks.com

CONSTRUCTIONS EN BRIQUES

LA
BRIQUE ORDINAIRE
AU POINT DE VUE
DÉCORATIF

PAR

J. LACROUX
ARCHITECTE

SECONDE PARTIE

APPLICATIONS PRATIQUES
HOTELS PRIVÉS, MAISONS DE CAMPAGNE, VILLAS, DÉPENDANCES, ETC.

PARIS
LIBRAIRIE GÉNÉRALE DE L'ARCHITECTURE ET DES TRAVAUX PUBLICS
ANDRÉ, DALY FILS & Cie
ANCIENNE MAISON DUCHER ET Cie
LIBRAIRES-ÉDITEURS
51, Rue des Écoles, 51

TABLE GÉNÉRALE DES PLANCHES

1. — Hôtel, à Paris, 7, rue de Prony. — M. Clémancet, architecte. — Élévation et coupes.
2. — Hôtel, à Paris, 7, rue de Prony. — M. Clémancet, architecte. — Coupe et plans.
3. — Hôtel, à Paris, 61, rue de Courcelles — M. Train, architecte. — Élévation et plans.
4. — Hôtel, à Paris, 64, rue de Courcelles. — M. Train, architecte. — Élévation et coupe.
5. — Hôtel privé, à Paris, 4, rue Leroux. — M. Paul Sédille, architecte. — Élévation.
6. — Hôtel privé, à Paris, 4, rue Leroux. — M. Paul Sédille, architecte. — Plans, coupe et détail.
7. — Hôtels privés, à Paris, 38, 40, 42, rue de la Faisanderie. — M. Brière, architecte. — Vue générale.
8. — Hôtels privés, à Paris, 38, 40, 42, rue de la Faisanderie. — M. Brière, architecte. — Plans et coupes.
9. — Hôtel, à Paris, 93, boulevard Berthier. — M. Duquesne, architecte. — Élévation et plans.
10. — Hôtel, à Paris, 93, boulevard Berthier. — M. Duquesne, architecte. — Coupes.
11. — Hôtels, à Paris, 68 et 70, rue de l'Assomption. — M. de Chièvres, architecte. — Élévation et plans.
12. — Hôtels privés, à Paris, 111 et 113, rue du Ranelagh. — M. de Chièvres, architecte. — Élévations et plans.
13. — Hôtel privé, à Paris, 128, rue de Longchamps. — M. Brière, architecte. — Plans, élévation et coupes.
14. — Hôtels privés, à Paris, 43 à 51, rue Mozart. — M. Chabert, architecte. — Élévation.
15. — Hôtels privés, à Paris, 43 à 51, rue Mozart. — M. Chabert, architecte. — Plans et coupes.
16. — Hôtel privé, à Paris, 86, boulevard Pereire. — M. Duchêne, architecte. — Élévations.
17. — Hôtel privé, à Paris, 86, boulevard Farcire. — M. Duchêne, architecte. — Plan, coupe et détails.
18. — Villa de M. Masselin, à Trouville-sur-Mer. — M. Caligny, architecte. — Élévation principale.
19. — Villa de M. Masselin, à Trouville-sur-Mer. — M. Caligny, architecte. — Plans, coupe et élévation.
20. — Hôtel privé, à Paris, 88, rue Laugier. — M. Dalmas, architecte. — Élévation, coupe et plans.
21. — Petit hôtel, à Paris, 76, boulevard Saint-Michel. — M. Lobrot, architecte. — Élévations, plans et coupe.
22. — Hôtel, à Paris, rue du Général-Foy. — M. H. Renault, architecte. — Élévation.
23. — Hôtel, à Paris, rue du Général-Foy. — M. H. Renault, architecte. — Plans, élévation et coupe.
24. — Petits Hôtels, à Paris, 45 et 47, boulevard Berthier. — M. Boland, architecte. — Élévations, coupe et plans.
25. — Petits hôtels, à Paris, 93 et 95, boulevard Pereire-Sud. — M. Brisson, architecte. — Élévations, coupe et plans.
26. — Petit hôtel, à Paris, rue d'Erlanger. — M. Naudet, architecte. — Élévations et plans.
27. — Hôtel, à Paris, 41, rue Molitor. — M. Toutain, architecte. — Vue perspective.
28. — Hôtel, à Paris, 41, rue Molitor. — M. Toutain, architecte. — Coupe et plans.
29. — Hôtel privé, à Paris, 139, avenue du Trocadéro. — M. E. Le Maire, architecte. — Élévation et plans.
30. — Hôtel privé, à Paris, 139, avenue du Trocadéro. — M. E. Le Maine, architecte. — Élévation latérale et coupe.
31. — Petit hôtel, à Paris, 14, rue d'Erlanger. — M. Naudet, architecte. — Élévation, coupe et plans.
32. — Hôtel privé, à Paris, rue Donizetti. — M. Toutain, architecte. — Plans, élévation et coupe.
33. — Hôtels privés, à Paris, 117, rue du Ranelagh. — M. de Chièvres, architecte. — Élévations.
34. — Hôtels privés, à Paris, 117, rue du Ranelagh. — M. de Chièvres, architecte. — Plans et élévation.
35. — Hôtels privés, à Paris, avenue Périchon. — M. Toutain, architecte. — Élévations, coupe et plans.
36. — Petit hôtel, à Chatou (Seine-et-Oise), rue de l'Hôtel-de-Ville. — M. Bardon, architecte. — Plans, élévations et coupe.
37. — Petite Habitation, à Fontenay-aux-Roses, rue de Chatenay. — M. Train, architecte. — Plans, élévations et coupe.
38. — Château, à Montsoult (Seine-et-Oise). — M. Moungoin, architecte. — Vue perspective.
39. — Château, à Montsoult (Seine-et-Oise). — M. Moungoin, architecte. — Plans et coupe.
40. — Villa, à l'Isle-sur-Sorgues (Vaucluse). — M. Auburtin, architecte. — Plans, élévations et coupe.
41. — Villa, à l'Isle-sur-Sorgues (Vaucluse). — M. Auburtin, architecte. — Élévations latérales.

42. — Villa Jeanne et Marthe, à Puys (Seine-Intérieure). — M. Caligny, architecte. — Élévation et plans.
43. — Villa Jeanne et Marthe, à Puys (Seine-Intérieure). — M. Caligny, architecte. — Élévation et coupe.
44. — Villa, à Aromanchas (Calvados). — M. Le Verrier, architecte. — Élévation et coupe.
45. — Villa, à Chatou (Seine-et-Oise), rue de Croissy. — M. Bardon, architecte. — Vue perspective, coupe et plans.
46. — Villa, au Vésinet, rue de Chatou. — M. Bardon, architecte. — Perspective et plan.
47. — Villa, au Vésinet, rue de Chatou. — M. Bardon, architecte. — Élévations et plan.
48. — Villa, au Bois-d'Oingt (Rhône). — M. André, architecte. — Vue perspective, coupe et plans.
49. — Villa, à Saint-Mandé, 21, avenue Daumesnil. — M. Canjon, architecte. — Plans, élévation et coupe.
50. — Villa, à Cirey-sur-Blaise (Haute-Marne). — M. Rever, architecte. — Plans, élévation et coupe.
51. — Villa, à Chatou (Seine-et-Oise), 8, avenue d'Aligre. — M. Bardon, architecte. — Façade principale.
52. — Villa, à Chaton (Seine-et-Oise), 8, avenue d'Aligre. — M. Bardon, architecte. — Façades, coupe et plans.
53. — Villa, à Puys (Seine-Intérieure). — M. Caligny, architecte. — Façades et plans.
54. — Villa, à Beuzeval (Calvados). — M. Singery, architecte. — Vue perspective.
55. — Villa, à Beuzeval (Calvados). — M. Singery, architecte. — Élévations.
56. — Villa, à Beuzeval (Calvados). — M. Singery, architecte. — Plans et coupe.
57. — Villa, à Chatou (Seine-et-Oise), avenue d'Aligre. — M. Bardon, architecte. — Élévations et plans.
58. — Villa, à Chatou (Seine-et-Oise), avenue d'Aligre. — M. Bardon, architecte. — Élévation, coupe et plans.
59. — Chalet, à Verrey-sous-Salmaise (Côte-d'Or). — M. Dunsé, architecte. — Élévation, coupe et plans.
60. — Villa, à Villers-sur-Mer (Calvados). — MM. Jouannin et Singery, architectes. — Élévation, coupe et plans.
61. — Villa, à Lion-sur-Mer (Calvados). — M. Weyland, architecte. — Élévations.
62. — Villa, à Lion-sur-Mer (Calvados). — M. Weyland, architecte. — Coupe et plans.
63. — Maison à loyer, à Paris, 76, boulevard Saint-Michel. — M. Lobrot, architecte. — Élévation.
64. — Maison à loyer, à Paris, 76, boulevard Saint-Michel. — M. Lobrot, architecte. — Plans, coupe et détail.
65. — Maison à loyer, à Courbevoie (Seine), 12, rue de Bécon. — M. Marc, architecte. — Élévation, coupe et plans.
66. — Ateliers d'artiste avec habitations, à Paris, boulevard Berthier. — M. Bruzelin, architecte. — Élévation, coupes et plans.
67. — Maison à loyer avec Ateliers, à Paris, 6, rue Nicole. — M. Coquerel, architecte. — Plans et élévation.
68. — Ateliers Marinoni, à Paris, 92, rue d'Assas. — M. Flanet, architecte. — Élévation, plan et coupes.
69. — Atelier de peintre, à Paris, 43, rue Saint-Didier. — MM. Jouannin et Singery, architectes. — Élévations, coupes et plans.
70. — Caserne de la garde républicaine, à Paris, rue Schomberg. Pavillon. — M. Bouvard, arch. — Élév. et plans.
71. — Pavillon de concierge et Mur de clôture, à Paris, 4, rue Largillière. — M. Lheureux, architecte. — Plan et élévations.
72. — Portes et Murs de clôture, à Chatou, (Seine-et-Oise), avenue d'Aligre, 8-10. — M. Danses, architecte.
73. — Écurie et remise, à Paris, 41, boulevard Beauséjour. — M. Jacotin, architecte. — Élévations, coupe et plan.
74. — Écurie et remise, à Paris, 138, rue de la Tour. — M. Rocnat, architecte. — Vue perspective.
75. — Écuries et remises, à Paris, 5, rue de la Cure et boulevard Exelmans. — MM. Toutain et Huraine, architectes. — Élévations et plans.
76. — Écuries et dépendances, châteaux d'Orqueveux (Haute-Marne). — M. Clémancet, architecte. — Élévations, coupe et plans.
77. — Collège Sainte-Barbe, à Paris, rue Valette. — M. Lheureux, architecte. — Élévation.
78. — Pavillon, à l'Exposition nationale de Bruxelles, en 1880. — Élévation et plans.
79. — Pavillon, Château de Beaumont-le-Roger (Eure). — M. Huguelin, architecte. — Élévations et plans.
80. — Water-closets, à Bruxelles, boulevard Waterloo. — M. Wincklen, architecte. — Plans, élévations et coupes.

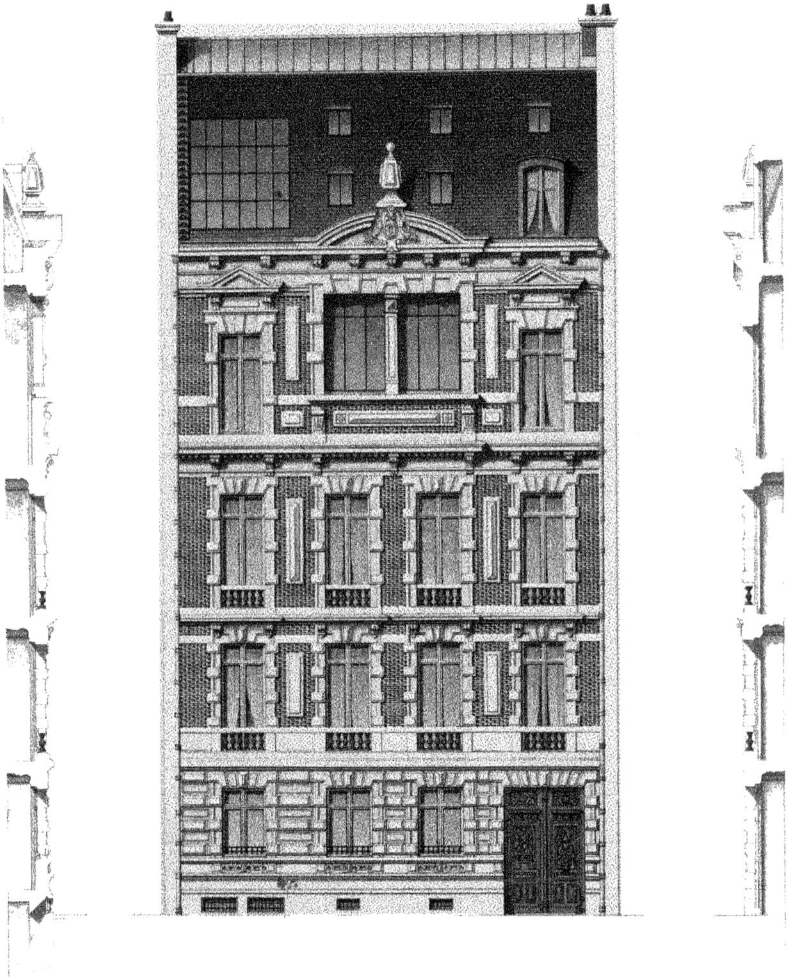

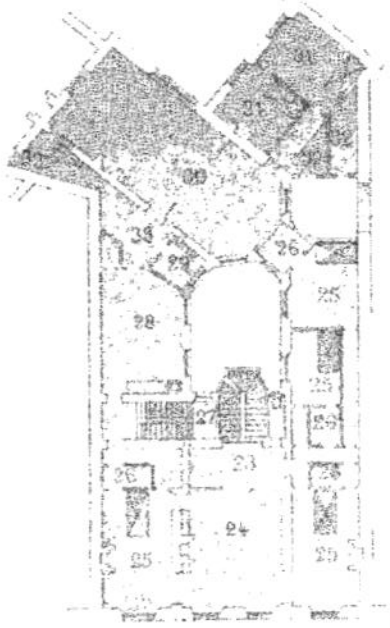

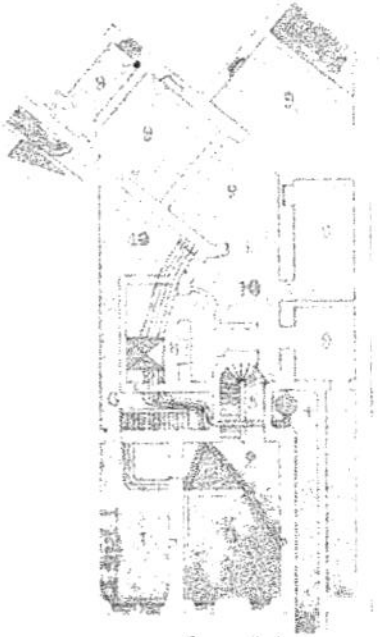

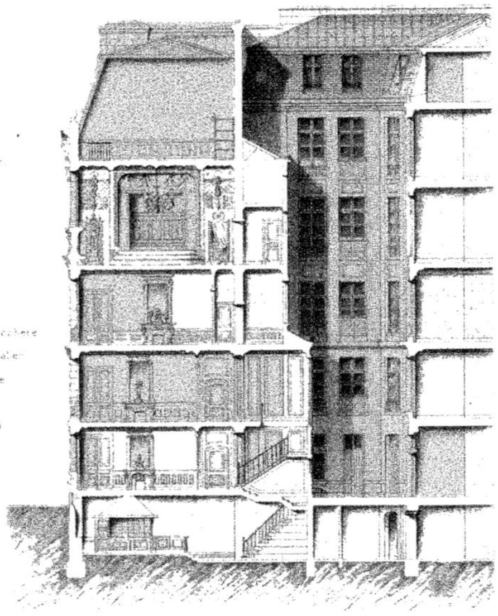

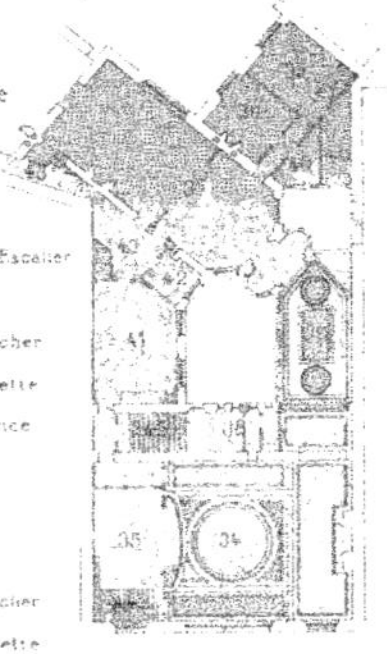

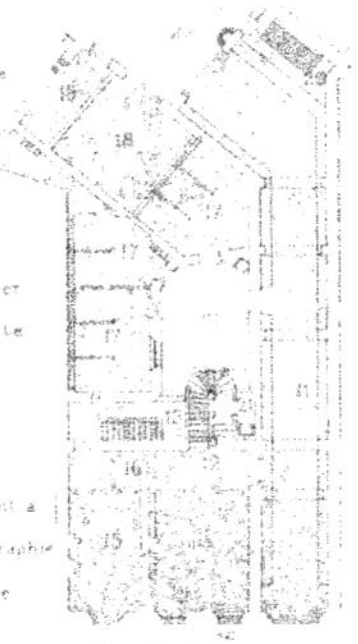

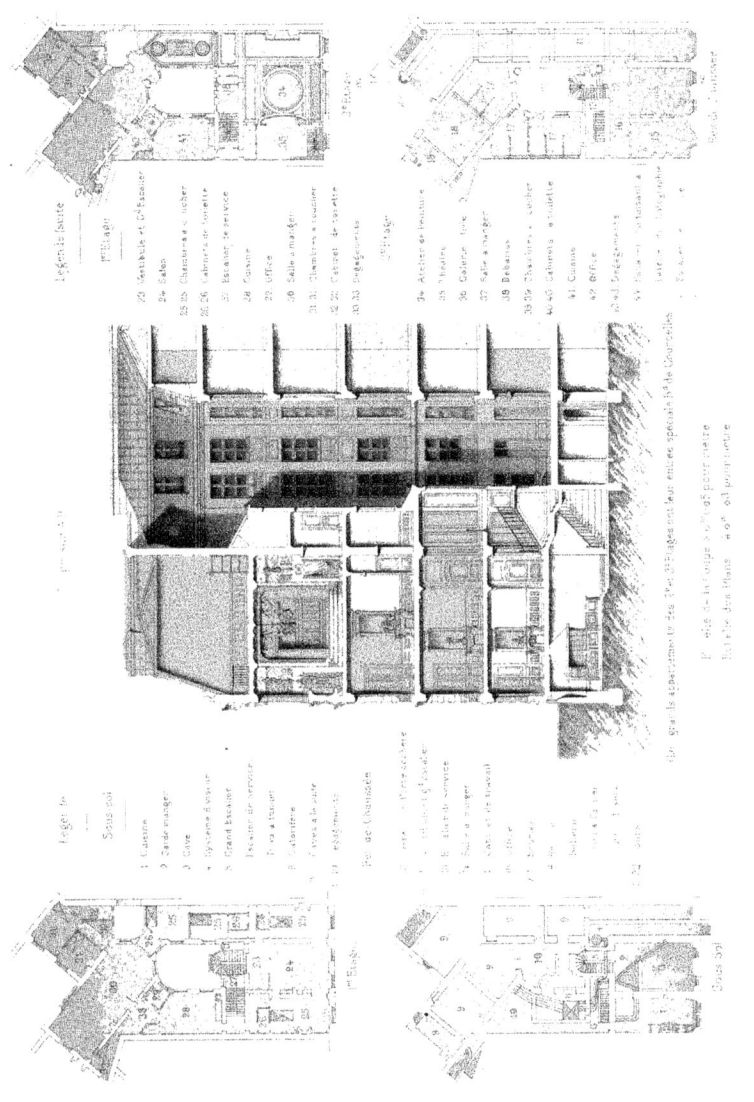

Façade sur la C

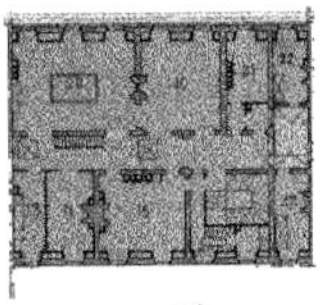

Legende

Degagements
Buanderie
Caves
4
Tinettes
Passage de Porte Cochere
6 Vestibule
Antichambre
Salons
Salles à manger
12 Office
13 Cuisines
Ascenseur
Chambres à coucher
Cab de toilette
Bibliotheque
Lingerie
Salle de billard
Salle de Bains
Ch de domestique

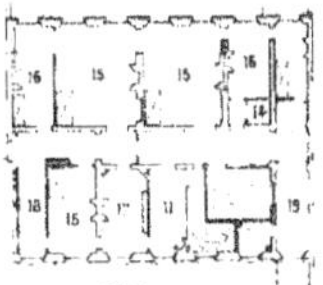

1er Etage

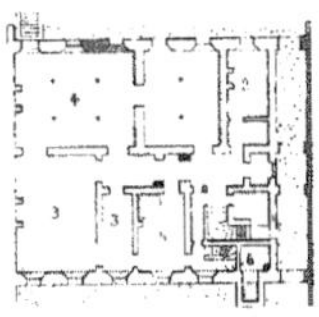

Sous Sol

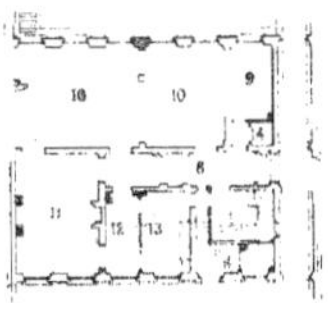

Rez de Chaussee

Echelle des Plans ... Echelle de l'Elevation ... metre

Rue de Courcelles N ... à Paris Elévation et Plans
par M ... Archte

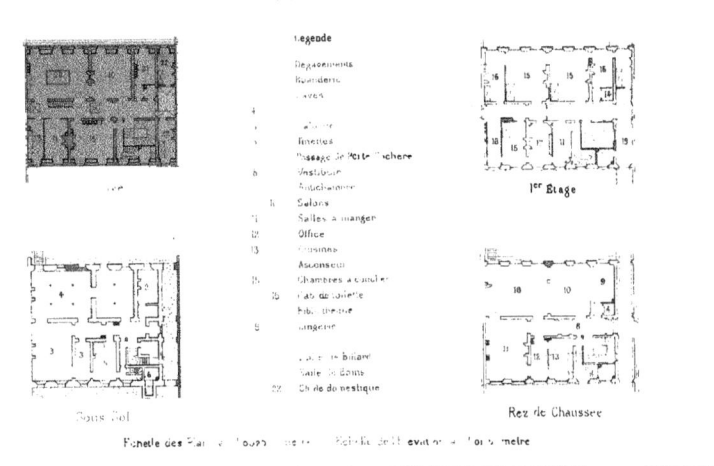

LA BRIQUE ORDINAIRE

Façade sur le Jardin

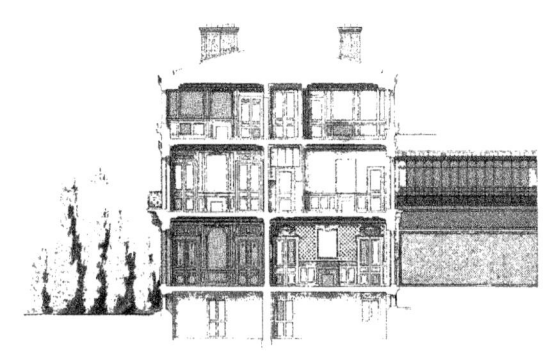

Coupe

Echelle de l'Elevation a 0^m,01 p^r metre   Echelle de la Coupe a 0^m,005 p^r metre

HOTEL
rue de Courcelles N° 51 à Paris — Elevation et Coupe
par Mr F. TRAIN Arch^te

LA BRIQUE ORDINAIRE

HOTEL PRIVE
rue Leroux, N° 4, à Paris – Elévation.
M' Paul SEDILLE, Arch'e

LA BRIQUE ORDINAIRE

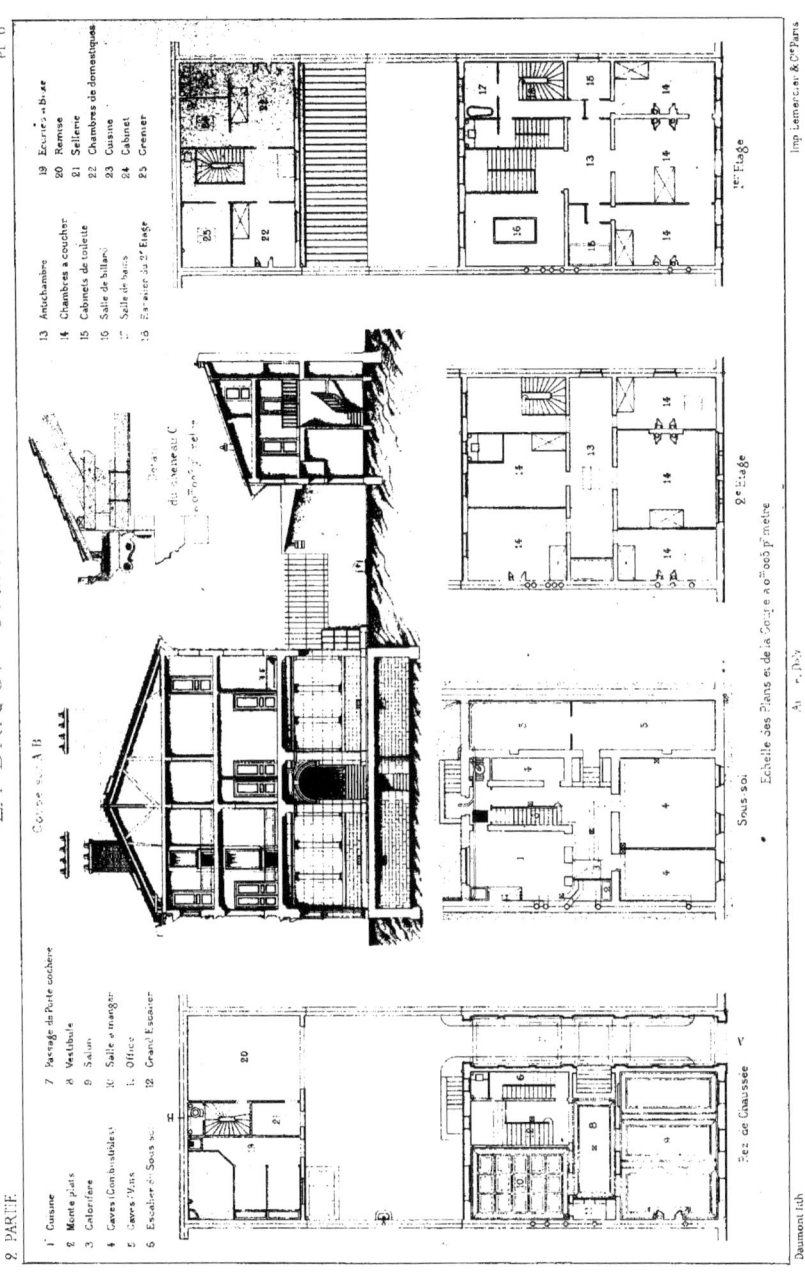

Pl. 6

2ᵉ PARTIE

1. Cuisine
2. Monte-plats
3. Calorifère
4. Caves Combustibles
5. Caves Vins
6. Escalier du Sous-sol
7. Passage de Porte cochère
8. Vestibule
9. Salon
10. Salle à manger
11. Office
12. Grand Escalier
13. Antichambre
14. Chambres à coucher
15. Cabinets de toilette
16. Salle de billard
17. Salle de bains
18. Escalier du 2ᵉ Étage
19. Écuries-bauxe
20. Remise
21. Sellerie
22. Chambres de domestiques
23. Cuisine
24. Cabinet
25. Grenier

Coupe sur AB

Échelle des Plans et de la Coupe à 0ᵐ005 p. mètre

HÔTEL RUE
rue Leroy x N° 4 à Paris. Plans et Coupe
Mr a SÉDILLE Archᵗᵉ

Imp Lemercier & Cⁱᵉ Paris

1ᵉʳ Étage

2ᵉ Étage

Sous-sol

Rez de Chaussée

Rue de ... à Paris

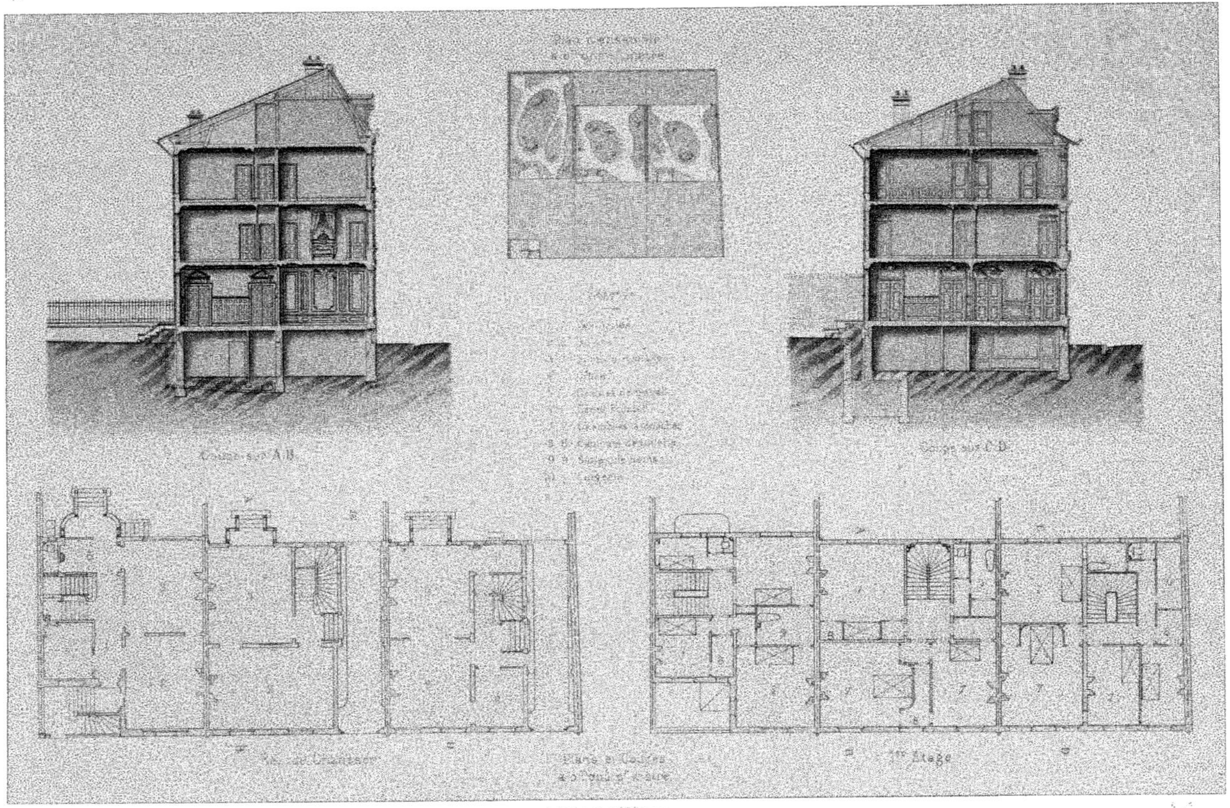

HOTELS PRIVÉS

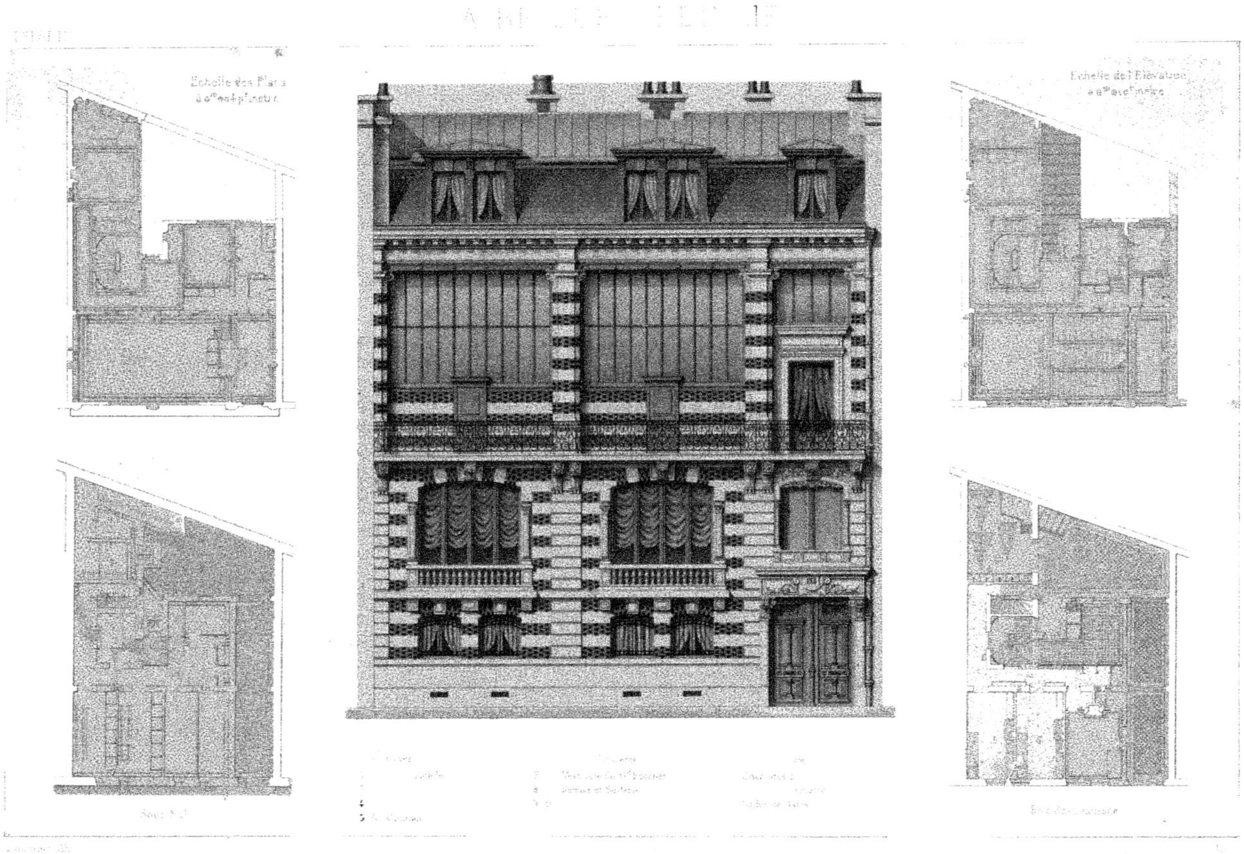
Echelle des Plans
Echelle de l'Elévation
Sous Sol
Rez de chaussée

LA ÉPOQUE ORDINAIRE

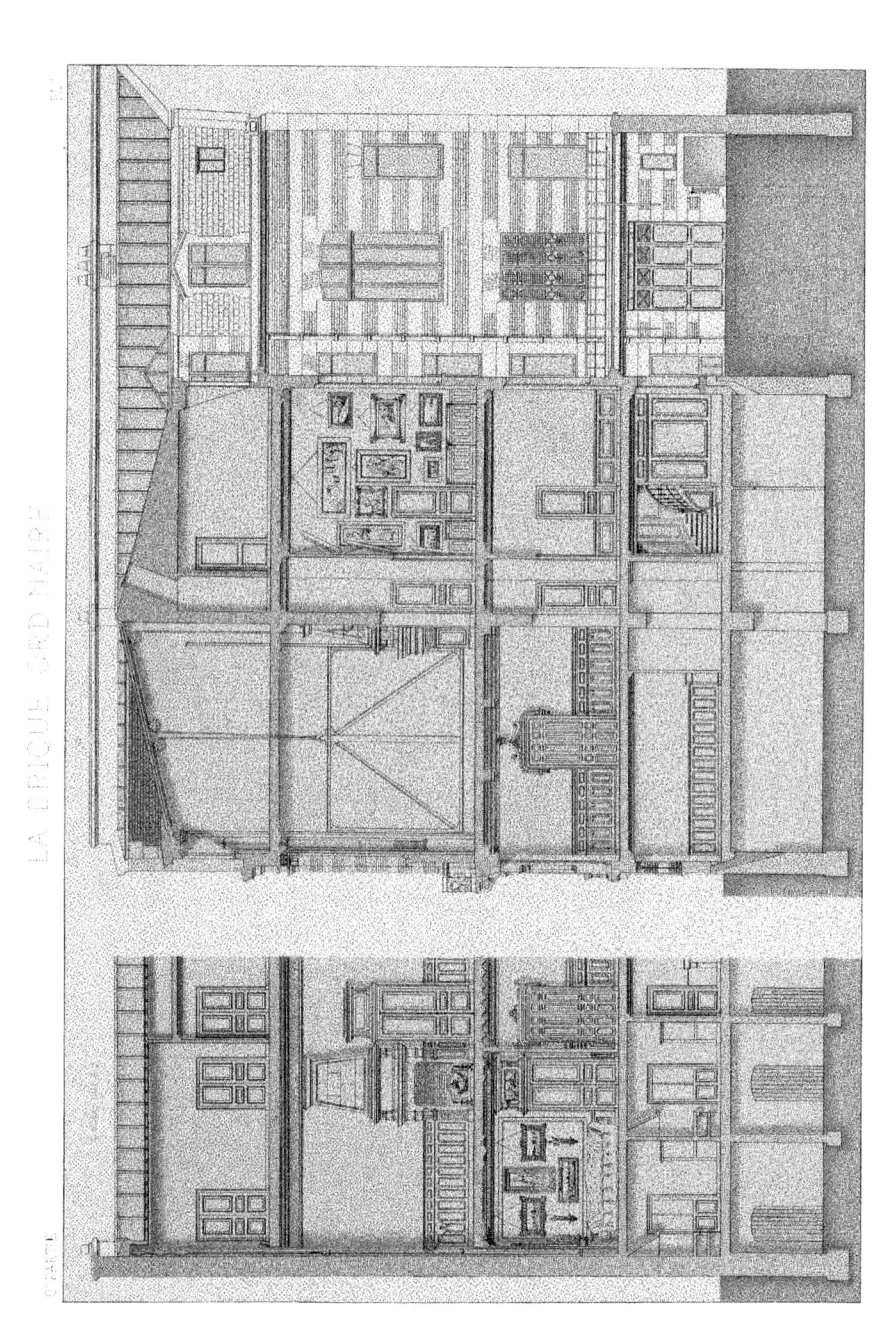

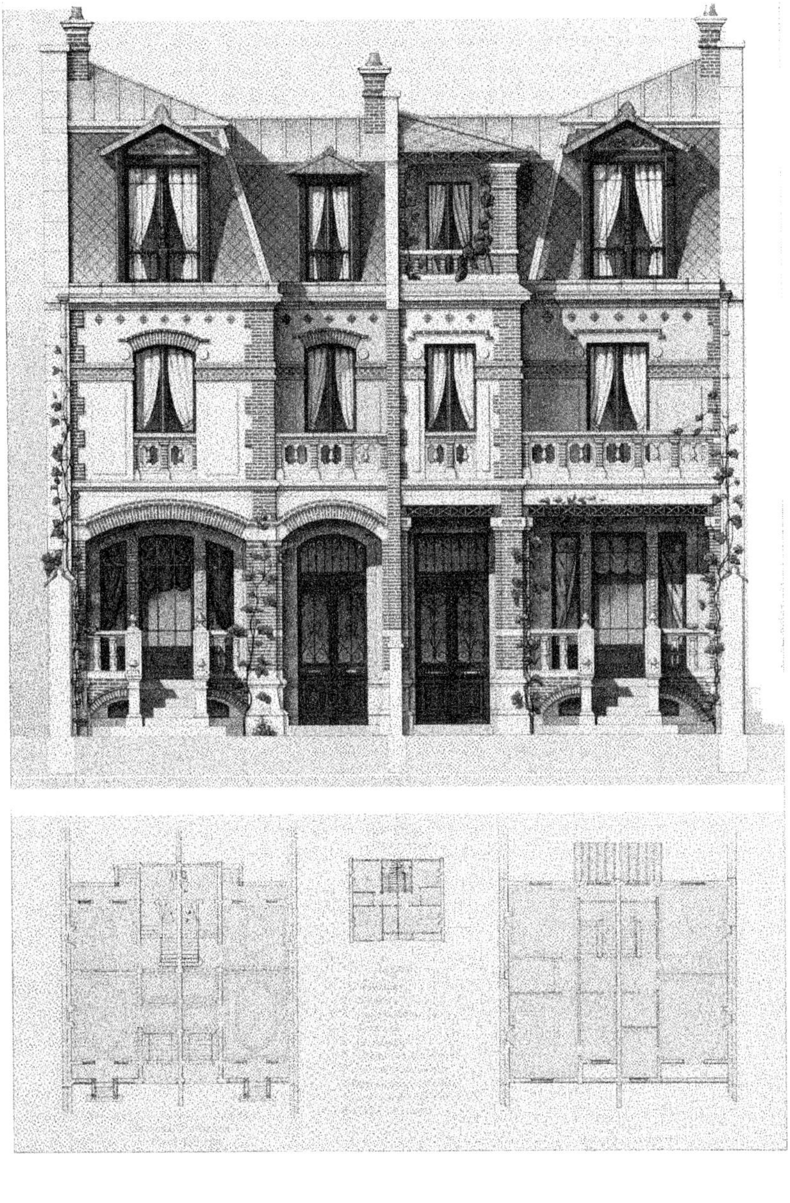

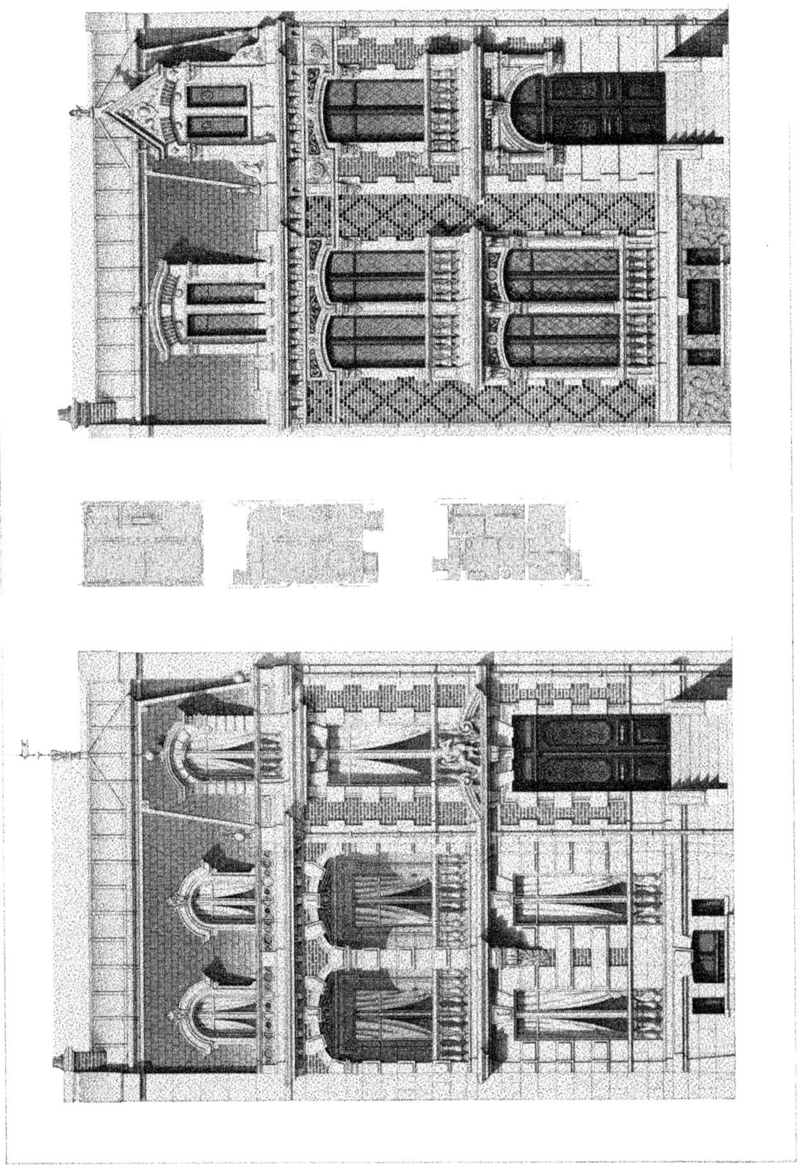

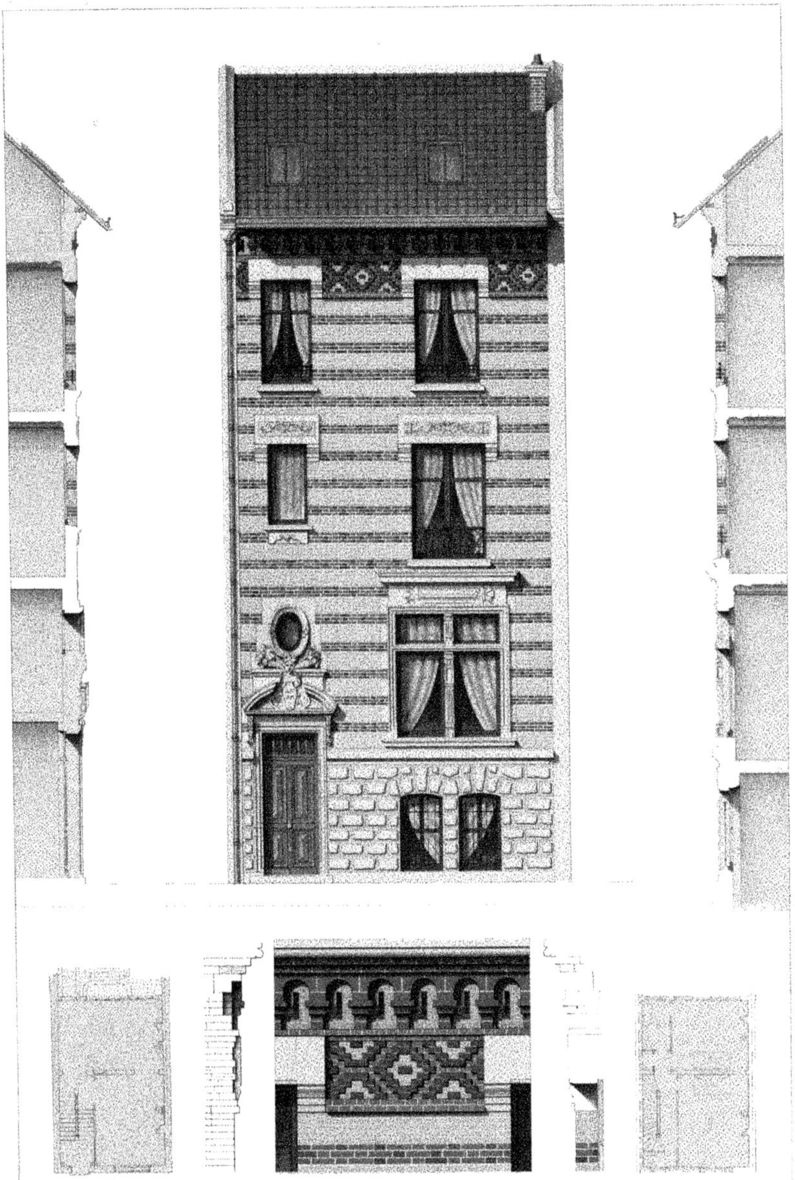

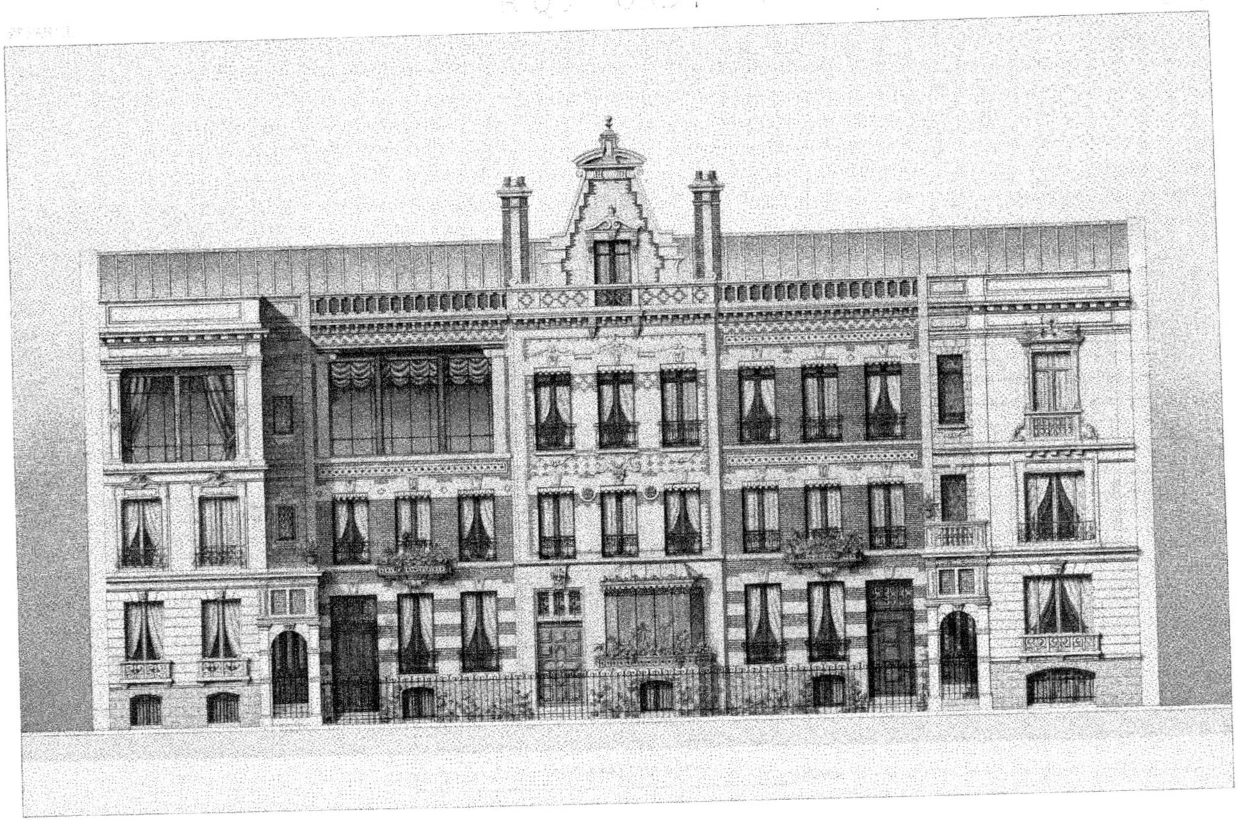

LA BRIQUE ORDINAIRE

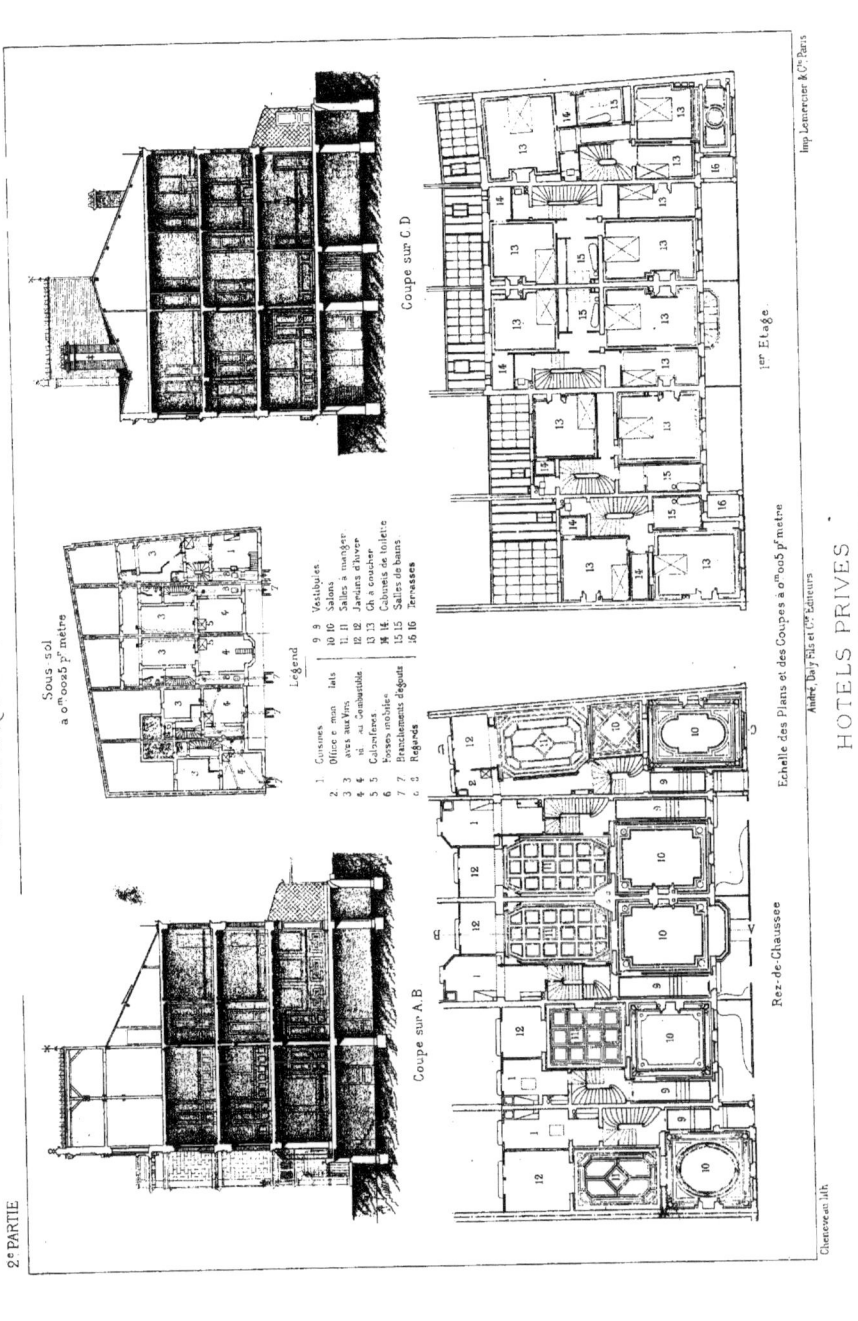

2.ᵉ PARTIE

PL 15

Sous sol
à 0ᵐ,0025 p.ʳ mètre

Coupe sur A.B

Coupe sur C.D

Rez-de-Chaussée

1ᵉʳ Étage

Légende

1 Cuisines
2 Office et mon̄ts avec ou sans lits
3 Jardins d'hiver ni au desirable
4 Calorifères
5 Fosses mobiles
6 Fosses mobiles
7 Branchements d'égouts
8 Regards

9,9 Vestibules
10,10 Salons
11,11 Salles à manger
12,12 Jardins d'hiver
13,13 Ch. à coucher
14,14 Cabinets de toilette
15,15 Salles de bains
16,16 Terrasses

Échelle des Plans et des Coupes à 0ᵐ,005 p.ʳ mètre

HOTELS PRIVES
Rue Mozart. Nᵒˢ 43 à 51 à Paris — Plans et Coupes
par Mʳ A. CHABERT, Arch.ᵗᵉ

André, Daly Fils et Cⁱᵉ Éditeurs

Chatenevau lith.

Imp Lemercier & Cⁱᵉ Paris

LA BRIQUE ORDINAIRE

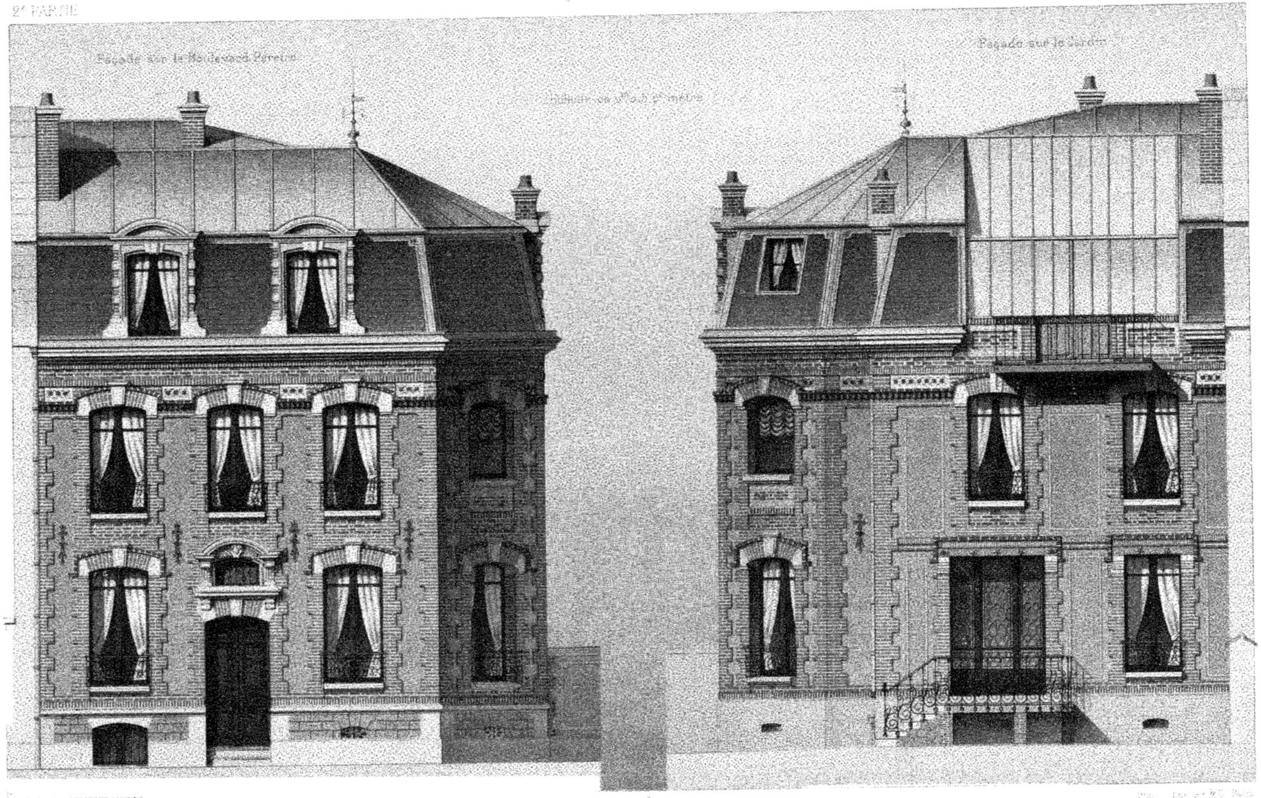

2e PARTIE — LA BRIQUE ORDINAIRE — PL. 17.

Légende
1. Vestibule
2. Salon
3. Salle à manger
4. Cabinet de travail
5. Cuisine

Légende
6. 6 Chambres à coucher
7. 7 Cabinets de toilette
8. Water-closets
9. 9 Ch. de domestiques
10. 10 Atelier

Coupe

2e Étage

Combles.

Rez-de-Chaussée

Lucarne du Pan coupé
à 0,03 p. mètre

1er Étage

Fenêtre du Pan coupé (Côté du Jardin)
(1er Étage)

Fenêtre du Pan coupé.
(1er Étage)

Croisée (1er Étage)

Ancre
à 0,10 p. mètre

Porte et Croisée (Bould Péreire)
(Rez-de-Chaussée)

Plans et Coupe
à 0,005 p. mètre.
Détails de Construction
à 0,03 p. mètre.

Fenêtre du Pan coupé (Bould Péreire)
(Rez-de-Chaussée)

J. Penel lith.

Ducher & Cie Éditeurs

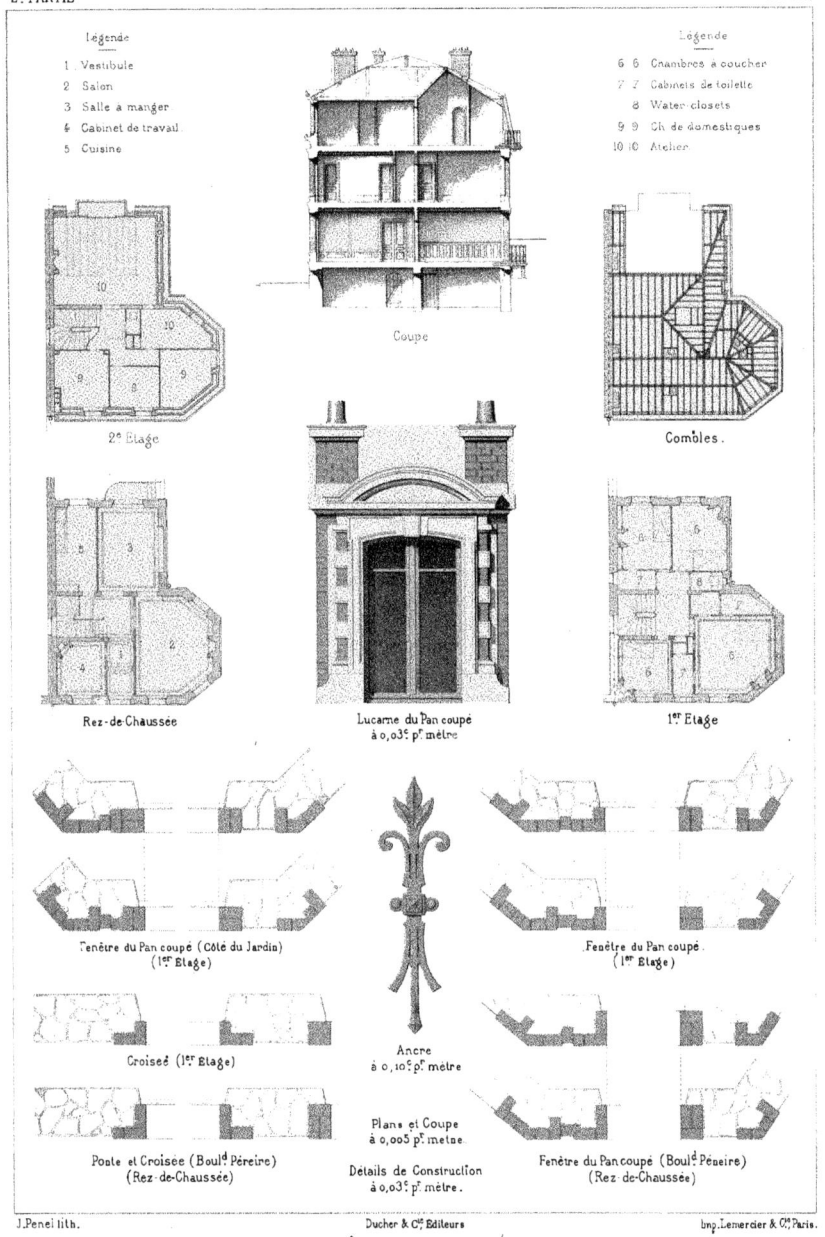

Imp. Lemercier & Cie Paris.

HÔTEL PRIVÉ
Boulevard Péreire, N° 86, à Paris — Plans, Coupe et Détails.
par Mr H. DUCHÊNE, Archte

LA BRIQUE ORDINAIRE

Façade (Côté de la Mer)

LA BRIQUE ORDINAIRE

VILLA DE M. MASSELIN
à Trouville-sur-Mer (Calvados) — Plans, Coupe et Elévation.
par M. A. CALIGNY, Arch.te

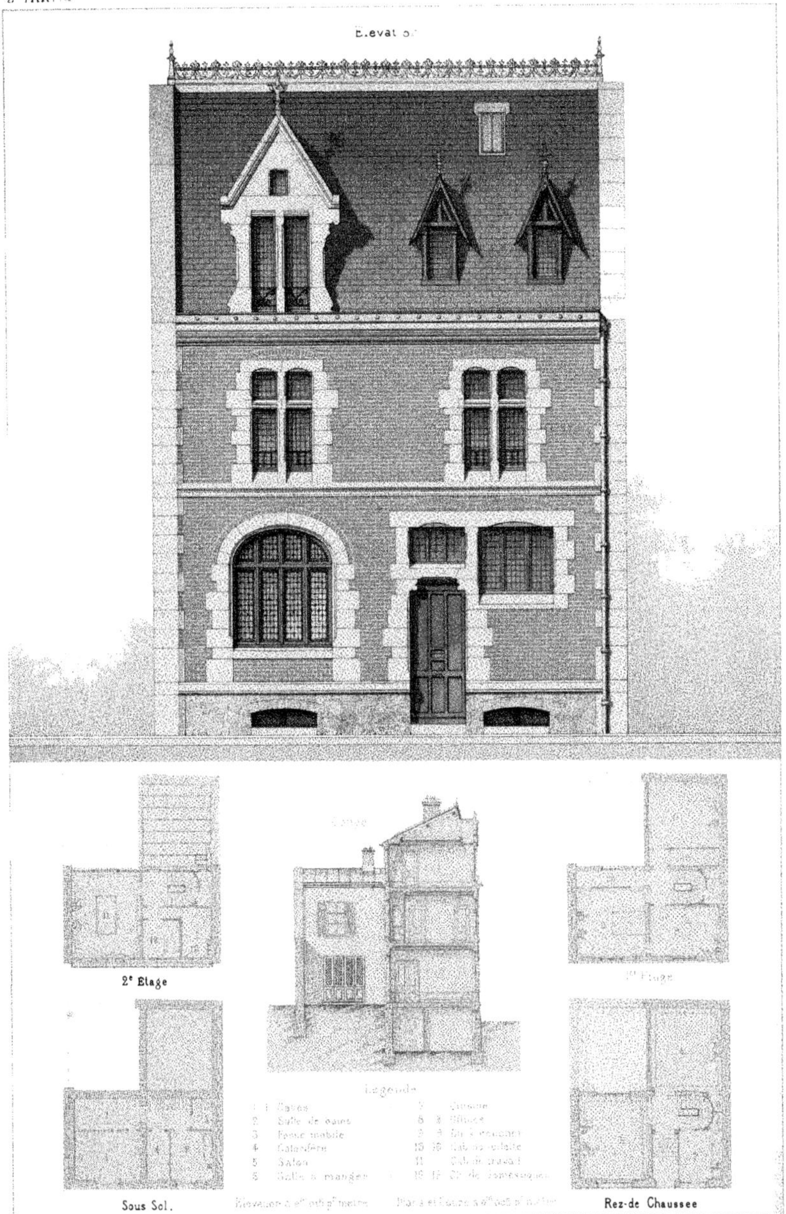

Levie lith

Imp Lemercier & Cie Paris

DELMAS Arch

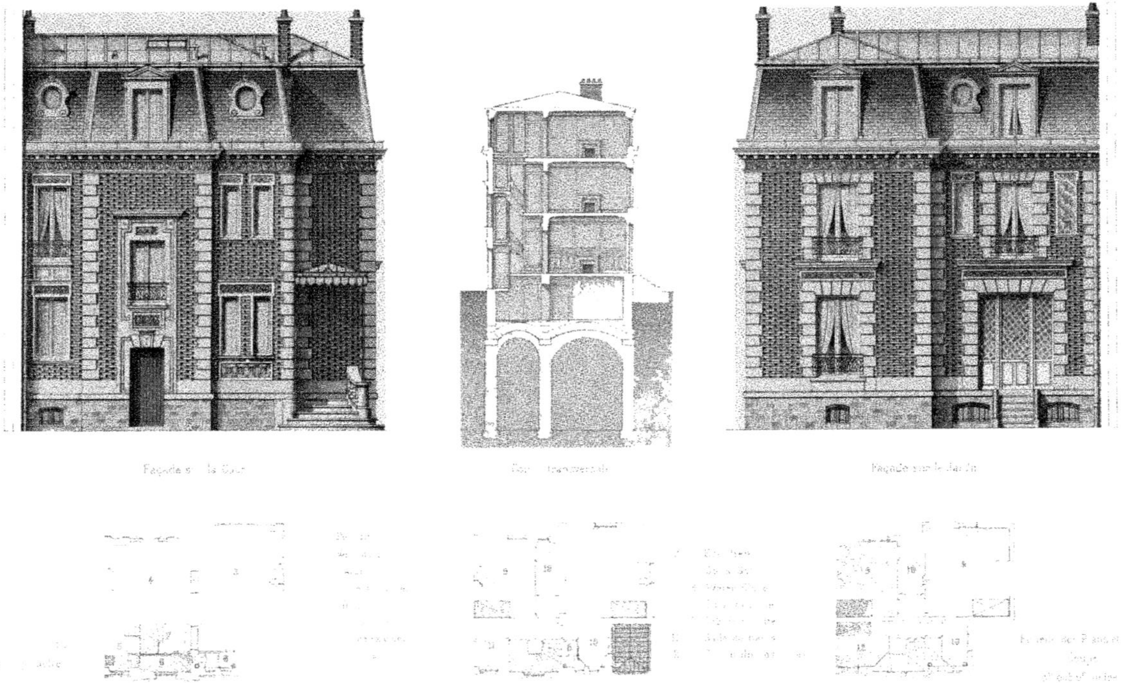

Façade s la Cour

Façade sur le Jardin

LA BRIQUE ORDINAIRE

2ᵉ PARTIE.

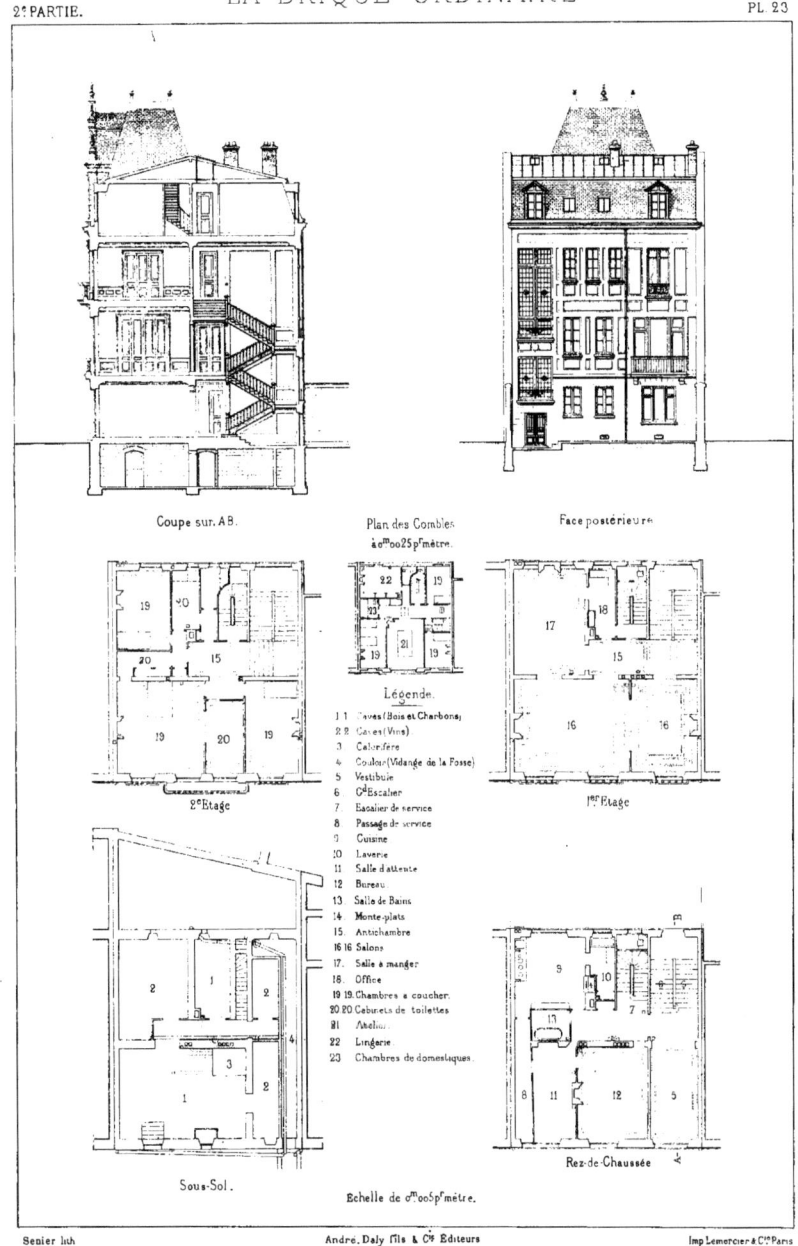

LA BRIQUE ORDINAIRE

PL. 23

Coupe sur AB.

Plan des Combles
à 0ᵐ,0025 pᵉ mètre.

Face postérieure

Légende.

1.1 Caves (Bois et Charbons)
2.2 Caves (Vins)
3.   Calorifère
4.   Couloir (Vidange de la Fosse)
5.   Vestibule
6.   Gᵈ Escalier
7.   Escalier de service
8.   Passage de service
9.   Cuisine
10. Laverie
11. Salle d'attente
12. Bureau
13. Salle de Bains
14. Monte-plats
15. Antichambre
16.16 Salons
17. Salle à manger
18. Office
19.19 Chambres à coucher
20.20 Cabinets de toilettes
21. Atelier
22. Lingerie
23. Chambres de domestiques.

2ᵉ Étage

1ᵉʳ Étage

Sous-Sol.

Rez-de-Chaussée

Échelle de 0ᵐ,005 pᵉ mètre.

Senier lith

André, Daly fils & Cⁱᵉ Éditeurs

Imp Lemercier & Cⁱᵉ Paris

HÔTEL
rue du Général-Foy, à Paris — Plans, Élévation et Coupe
par Mʳ HILAIRE RENAULT, Archᵗᵉ

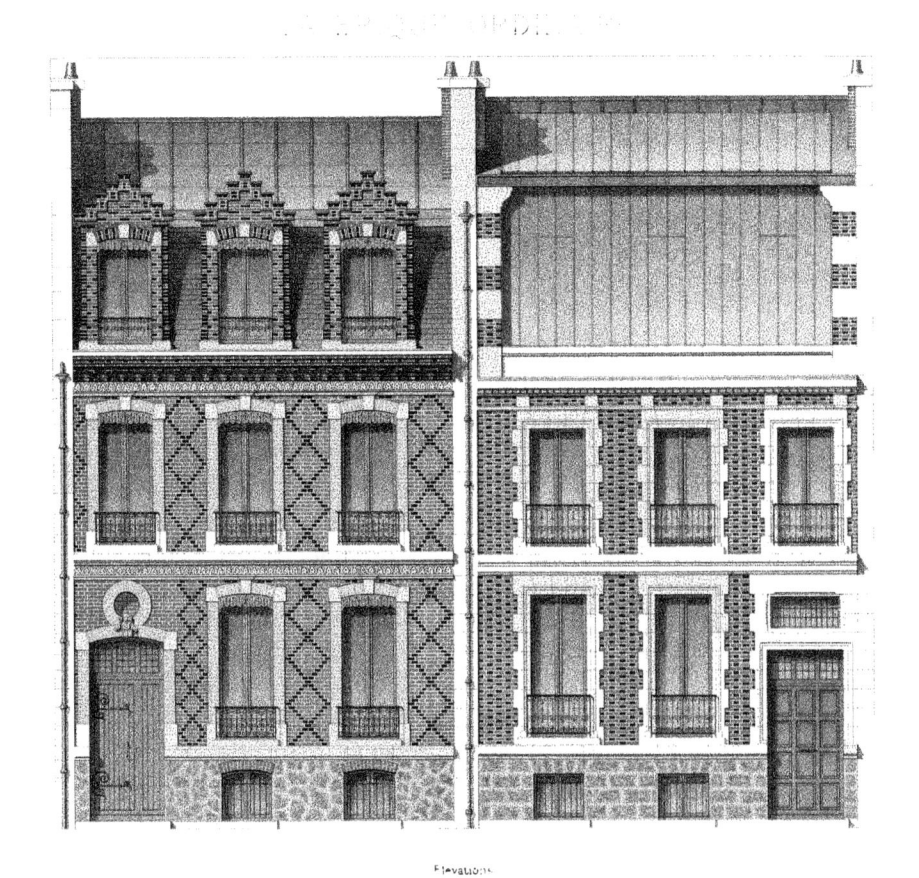

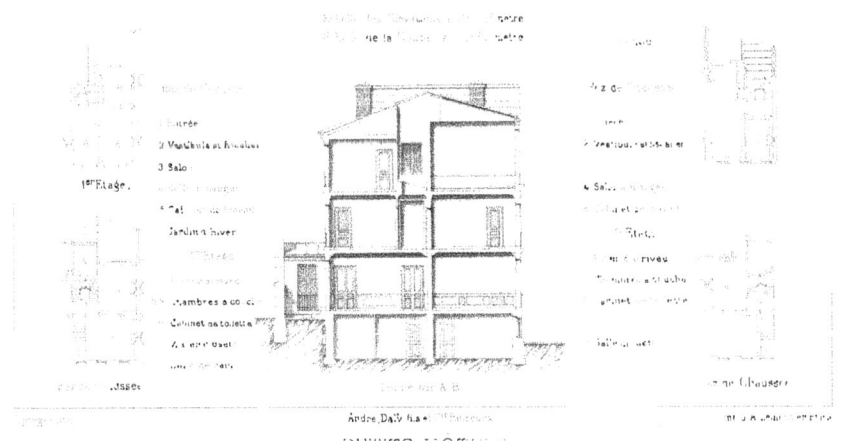

PETITS HÔTELS.
Boulevard Berthier 45 et 47, à Paris _ Élévations Coupe

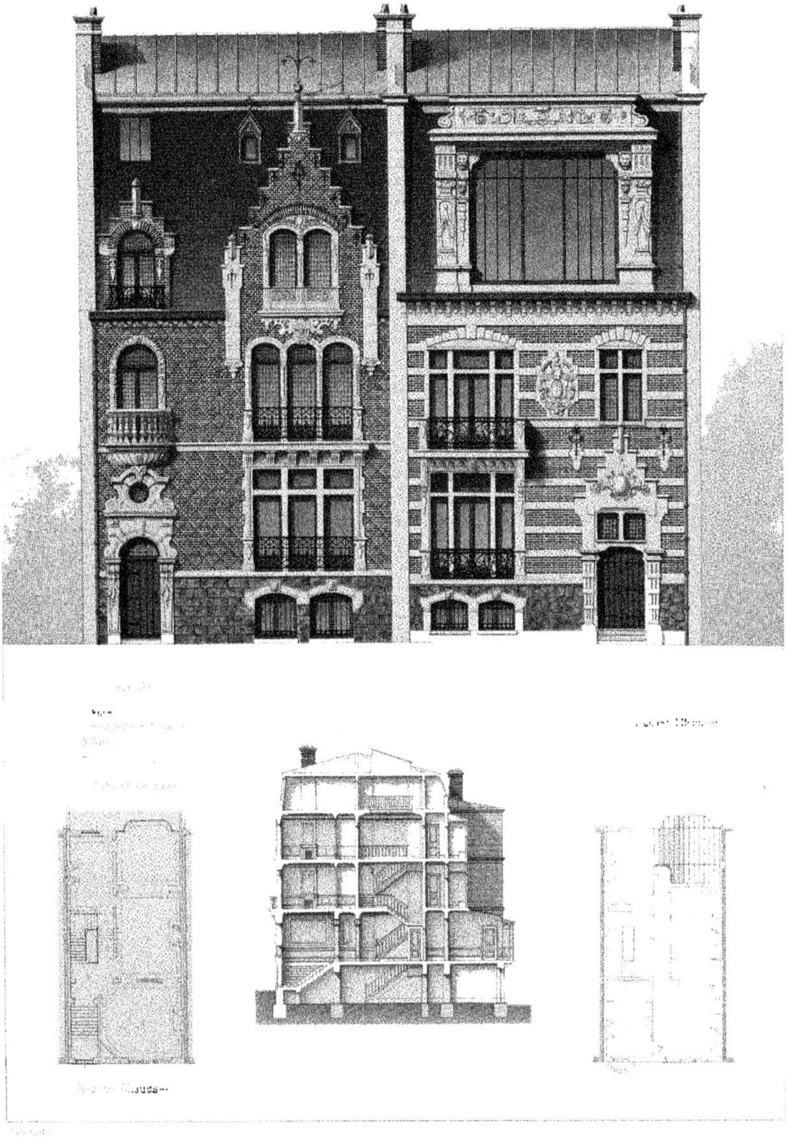

PETIT HÔTEL
rue d'Erlanger, N°47, à Auteuil.— Élévations et Plans
par M. Ch. NAUDET, Arch.

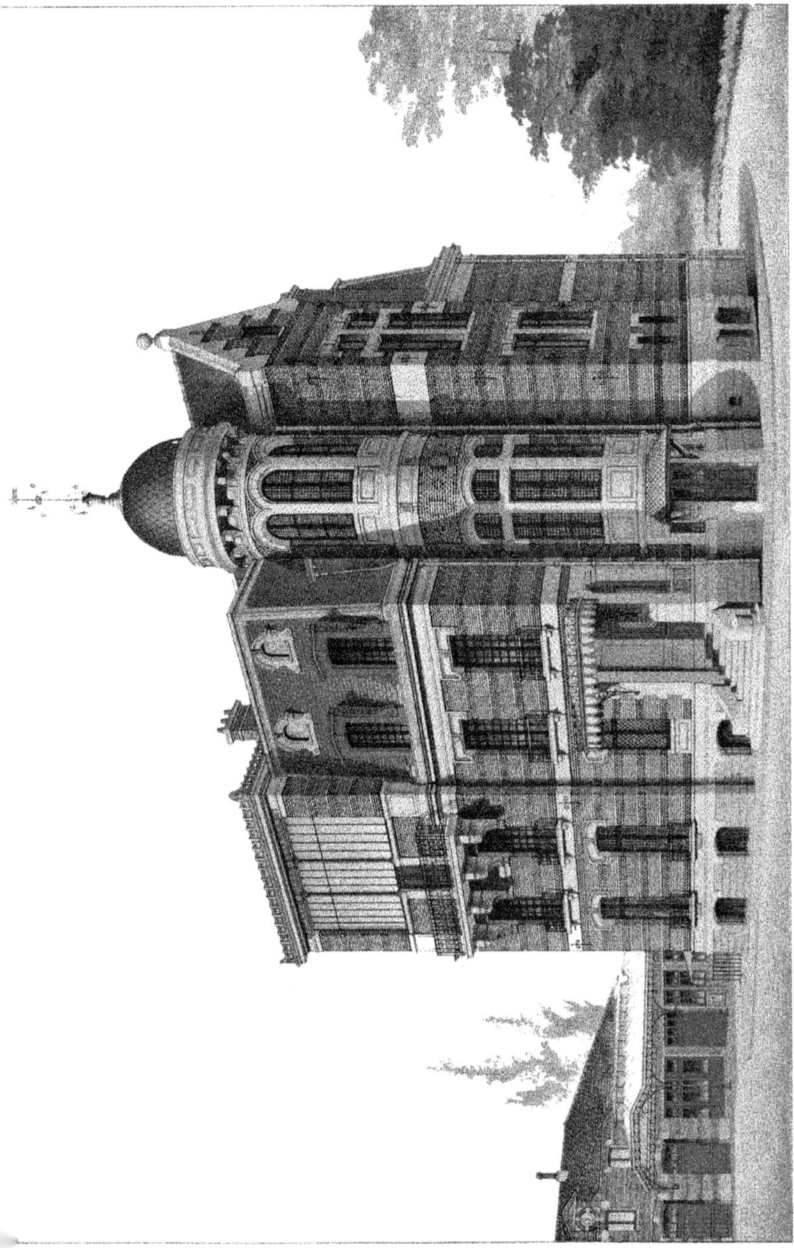

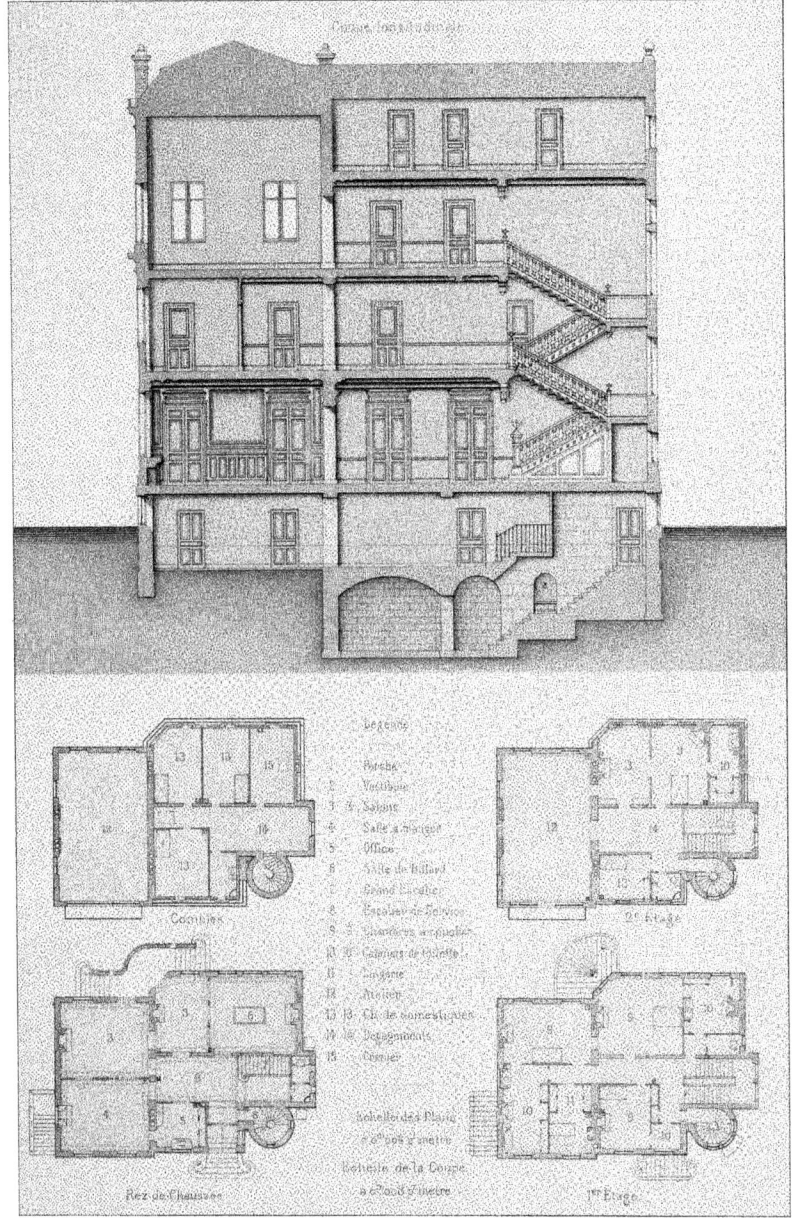

HOTEL
Rue Molitor N° 41, à Auteuil — Coupe et Plans.
par M. TOUTAIN, Arch.te

1	Vestibule	
2	Cave	
3	Billard	
4	Calorifère	
5	Fosse	
6	Écuries	
7	Remises	
8	Sellerie	
9	Fourrage	
10	Chambre du cocher	
11.11	Salons	
12	Salle à manger	
13	Cuisine	
14	Office	
15	Bureau	
16	Galerie	
17.17	Chambres à coucher	
18.18	Cabinets de toilette	
19	Salle de bains	
20	Chambre d'Ami	

Échelle des Plans a 0,0025 p. mèt.

Sous-sol — Rez de Chaussée — 1er Étage

Échelle de l'élévation 4 c.m 01 p. mèt.

Spiegel lith.   André, Daly fils & Cie Éditeurs   Imp. Lemercier & Cie Paris

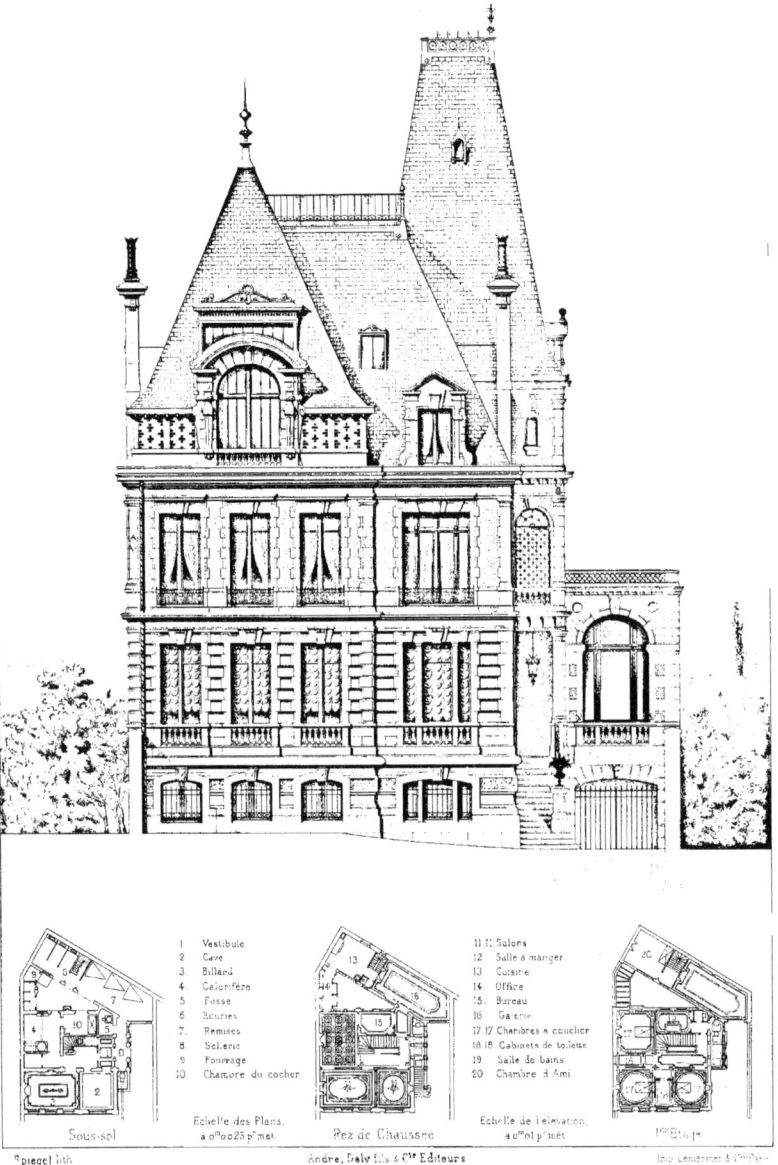

HÔTEL PRIVÉ
Avenue du Trocadéro N° 139 à Paris — Élévation et Plans
par M. Eug. LE MAIRE Arch.te

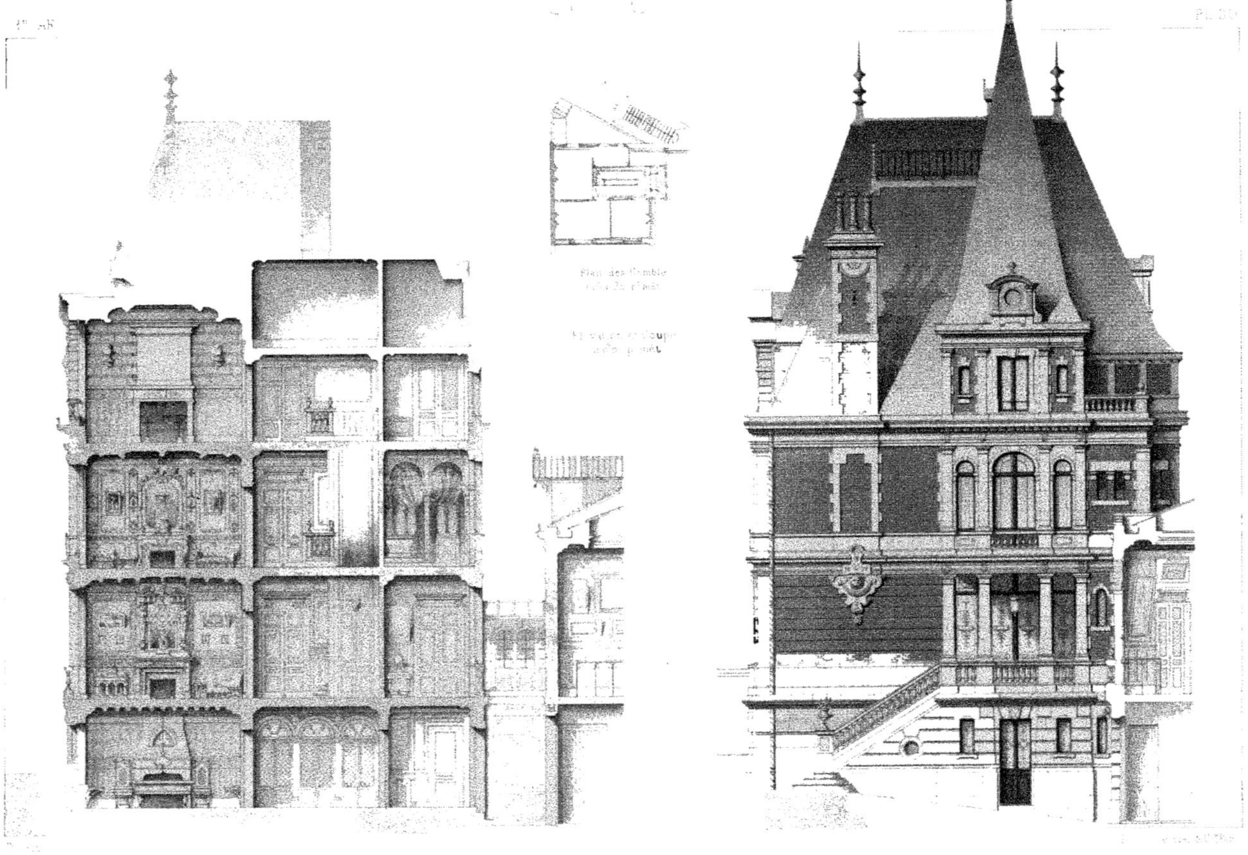
Plan des Comble

Rez-de-Chaussée.

E. Spiegel lith.   André, Daly fils et Cie Éditeurs

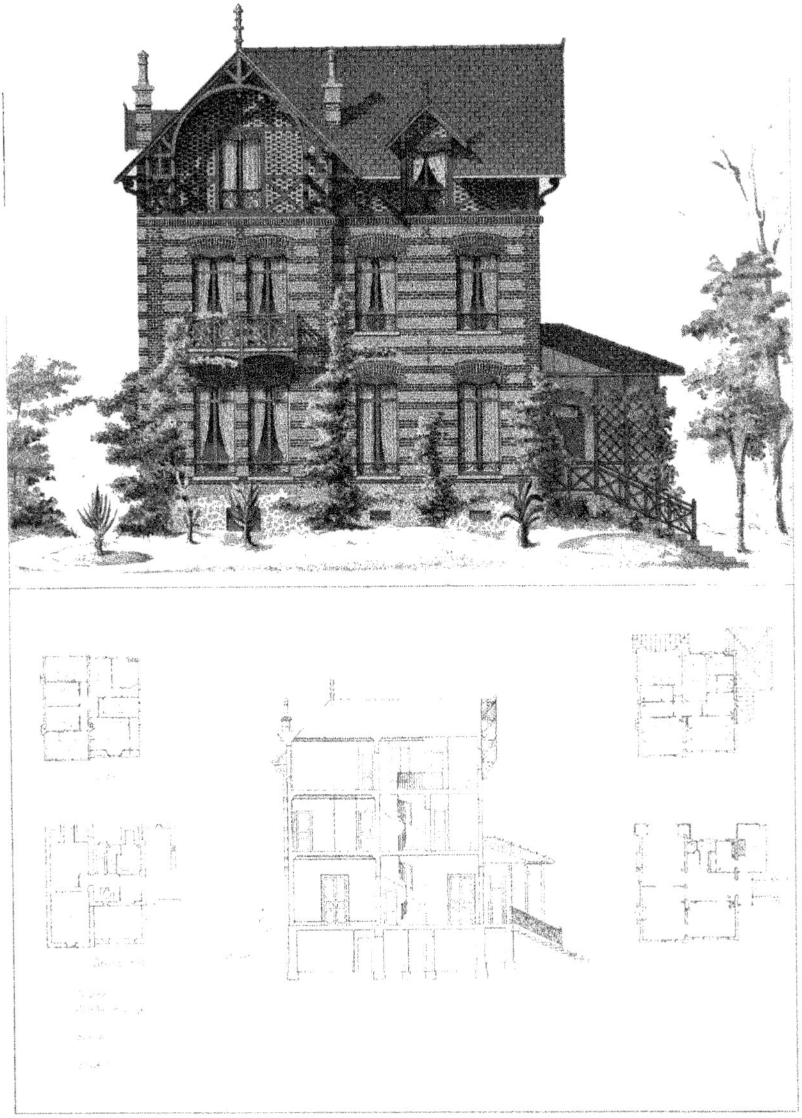

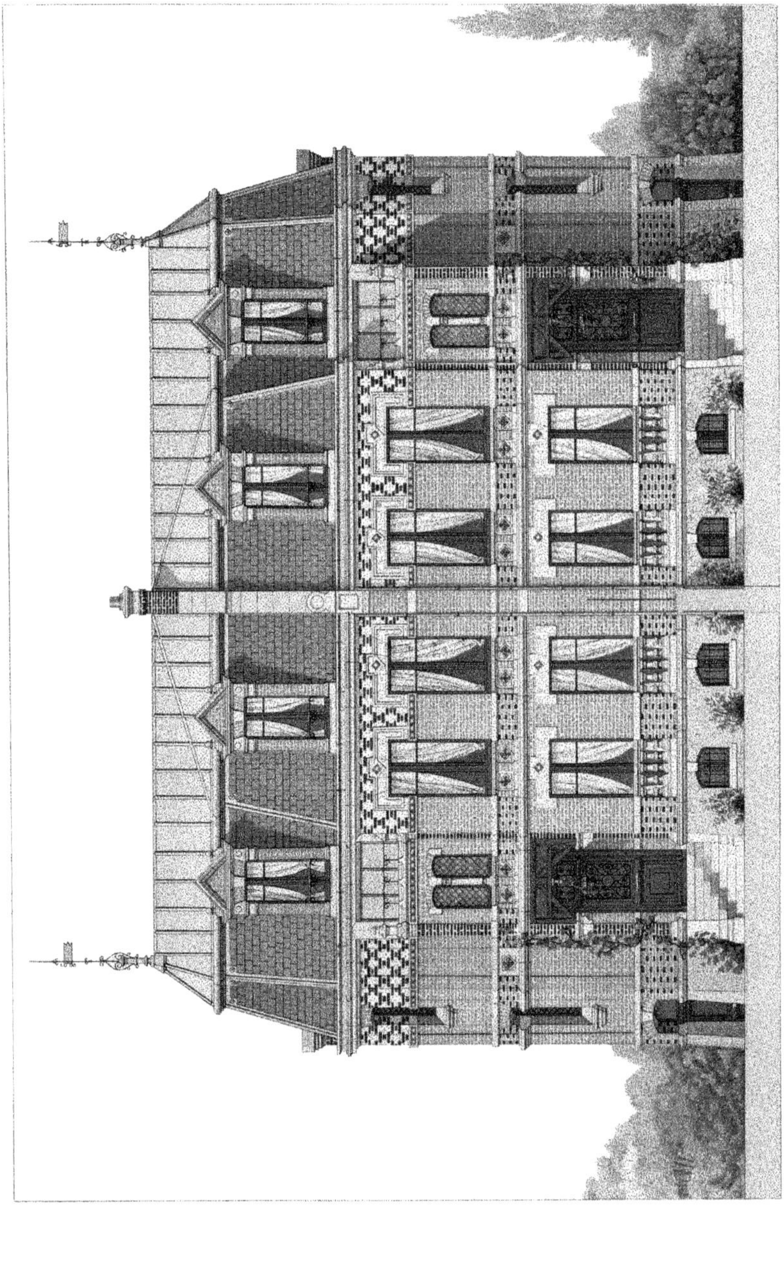

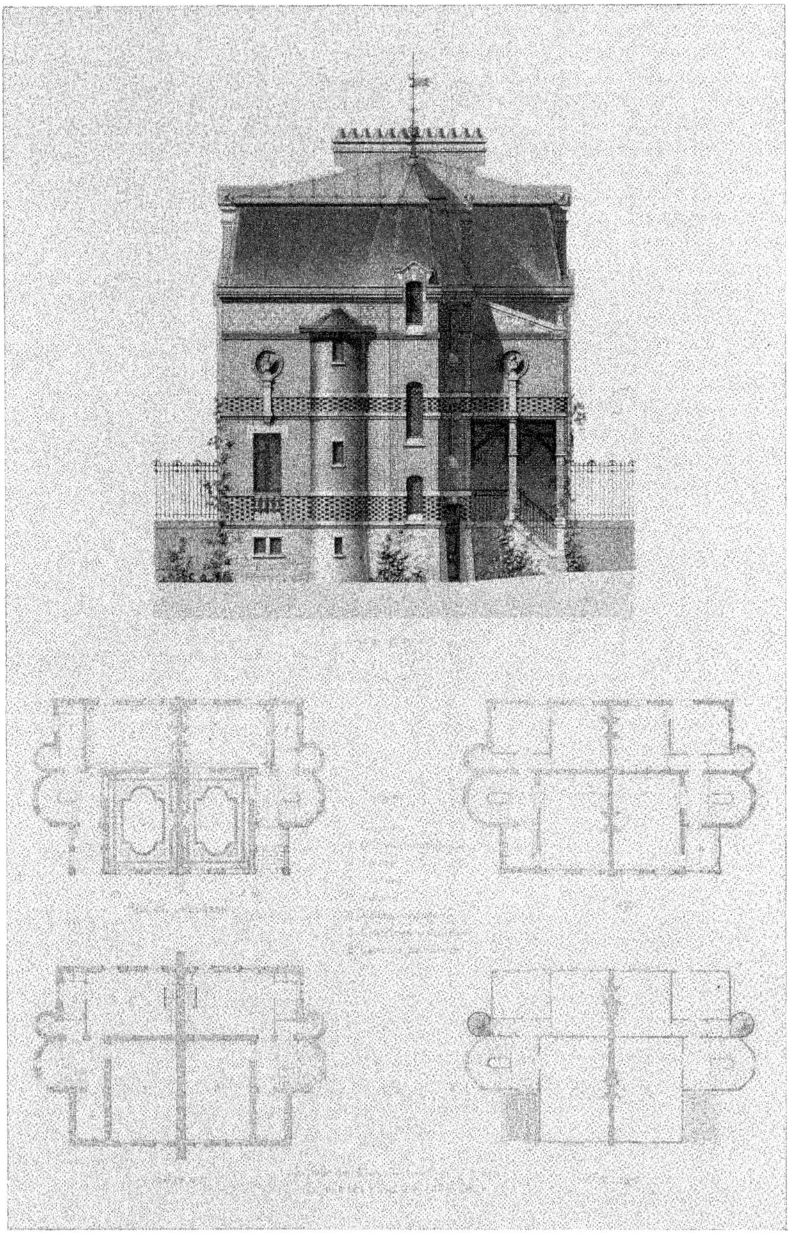

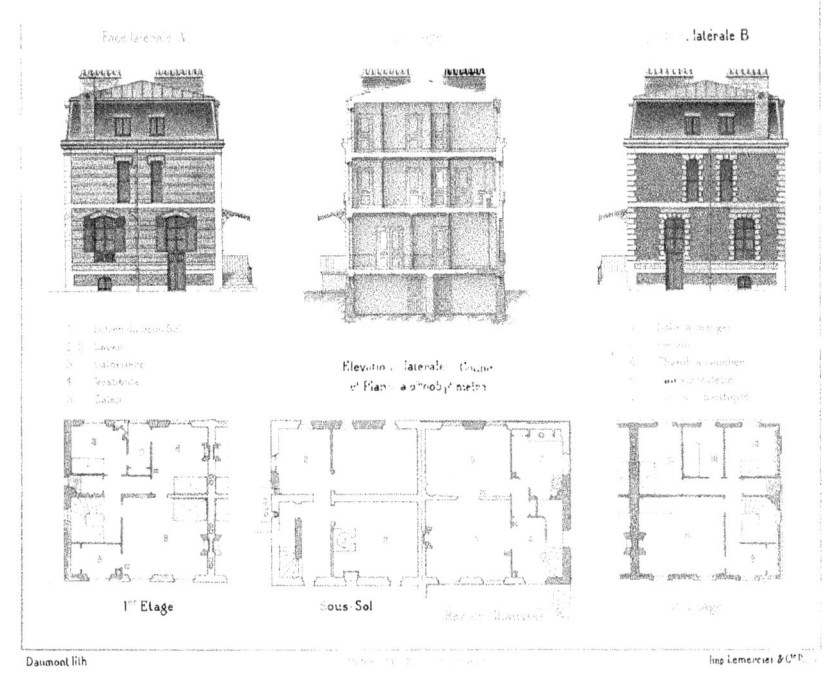

Avenue Périchont, a Auteuil — Elévations
par M. TOUTAIN Arch.te

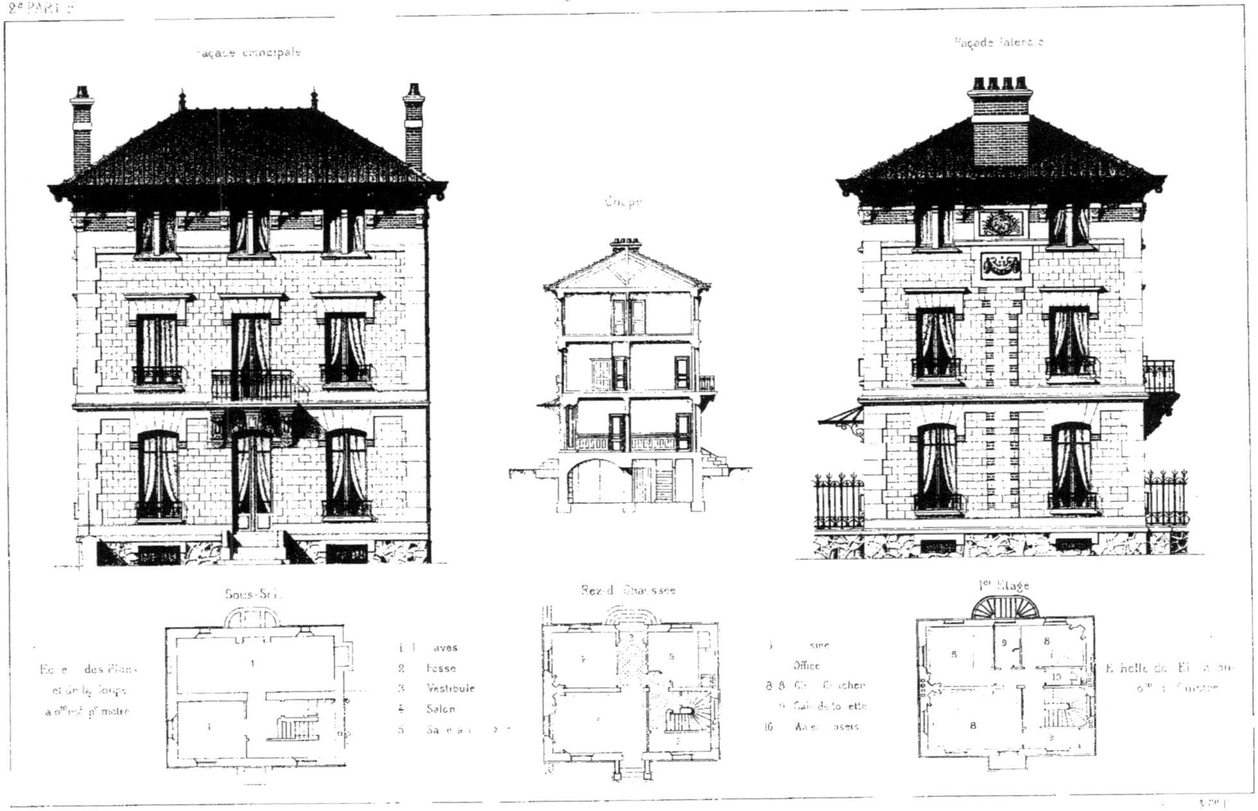
Façade principale
Façade latérale
Sous-Sol
Rez-d-Chaussée
1er Etage
Ec e des Plans
et de la Coupe
a 0m p' mètre
1 1 aves
2 Fosse
3 Vestibule
4 Salon
5
Office
8 8 Ch Coucher
Cab de to ette
10 Wa e osets
E helle de El
0m mètre

LA BRIQUE ORDINAIRE

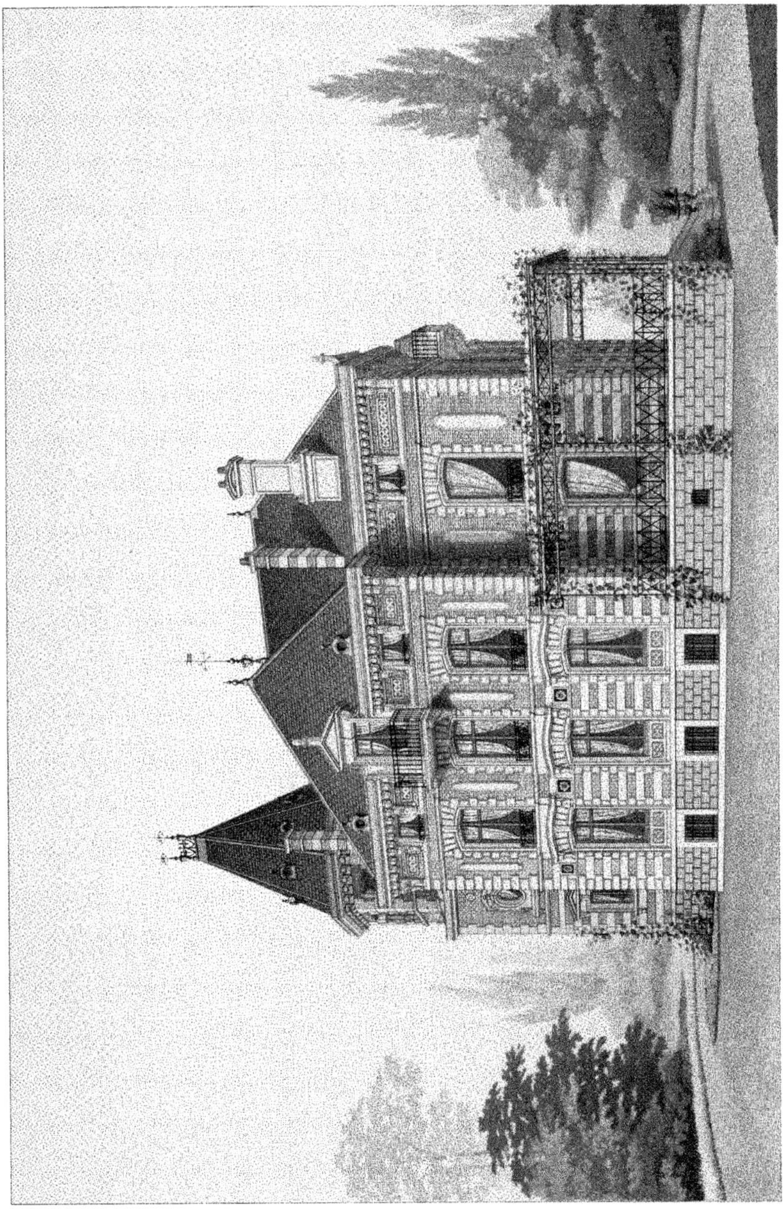

2ᵉ PARTIE — LA BRIQUE ORDINAIRE — PL. 39

Légende
1 Entrée du Rez-de-Chaussée
2 id. du Sous-sol
3 Cuisine
4 Office
5 Laverie
6 Salle des domestiques
7 Bains
8 Calorifère
9 Monte-plats
10 Cave

Légende
11 Antichambre
12 Salon
13 Billard
14 Salle à manger
15 Bibliothèque
16 Ch. à coucher
17 Cab. de toilette
18 Lingerie
19 Ch. de domestiques

Coupe transversale.

1ᵉʳ Étage.

2ᵉ Étage.

Rez-de-Chaussée.

Sous-sol.

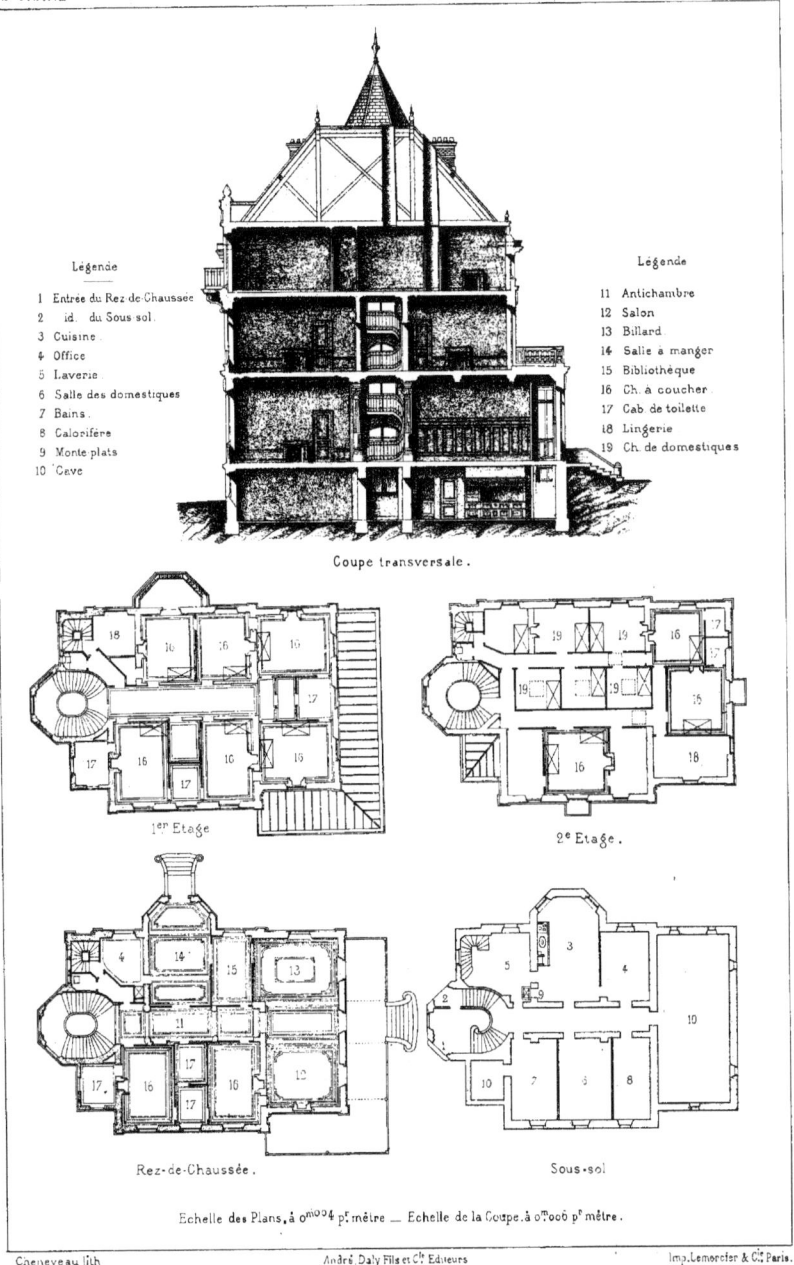

Echelle des Plans, à 0ᵐ,004 pʳ mètre — Echelle de la Coupe, à 0ᵐ,006 pʳ mètre.

Cheneveau lith. André, Daly Fils et Cⁱᵉ Éditeurs. Imp. Lemercier & Cⁱᵉ Paris.

CHÂTEAU
à Montsoult (Seine-et-Oise) — Plans et Coupe
par Mʳ P. MOURGOIN, Archᵗᵉ

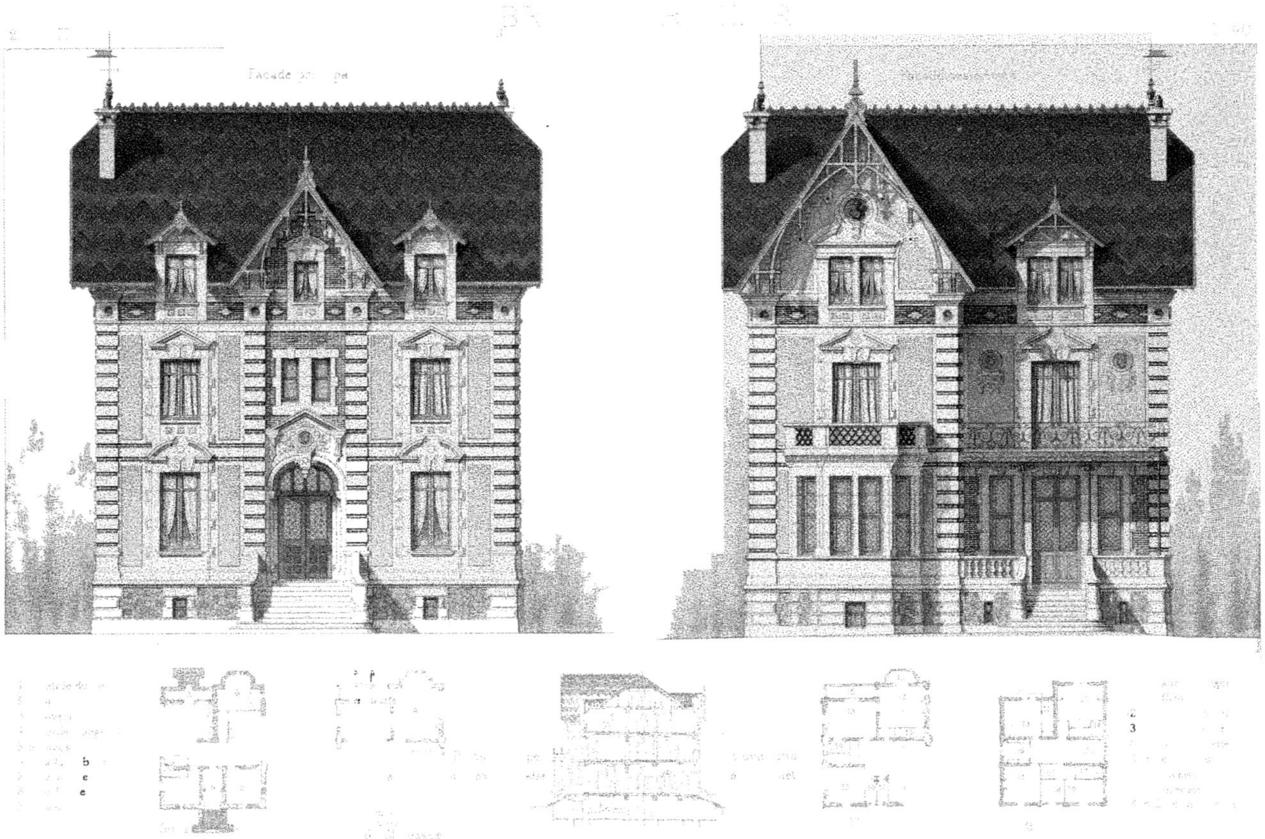

Imp. Lemercier & C [illegible]

[illegible] Élévations latérales

LA BRIQUE ORDINAIRE

Ducher & Cie Éditeurs

VILLA JEANNE ET MARTHE
(Seine Inférieure) — Élévation et Plans
par Mr A. CALIGNY Archte

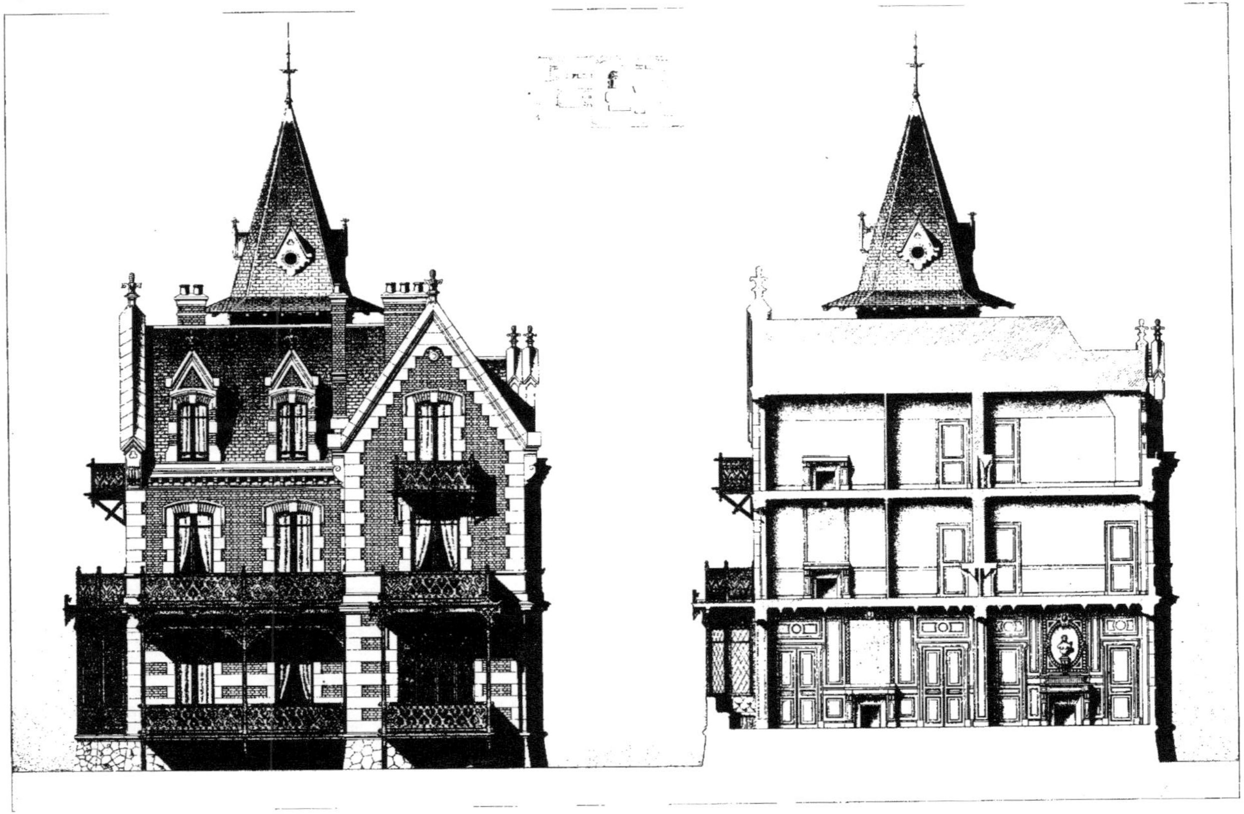

VILLA
à Aromanches (Calvados) _ Elévation et Plans
par M. LE VERRIER Arch.te à Bayeux

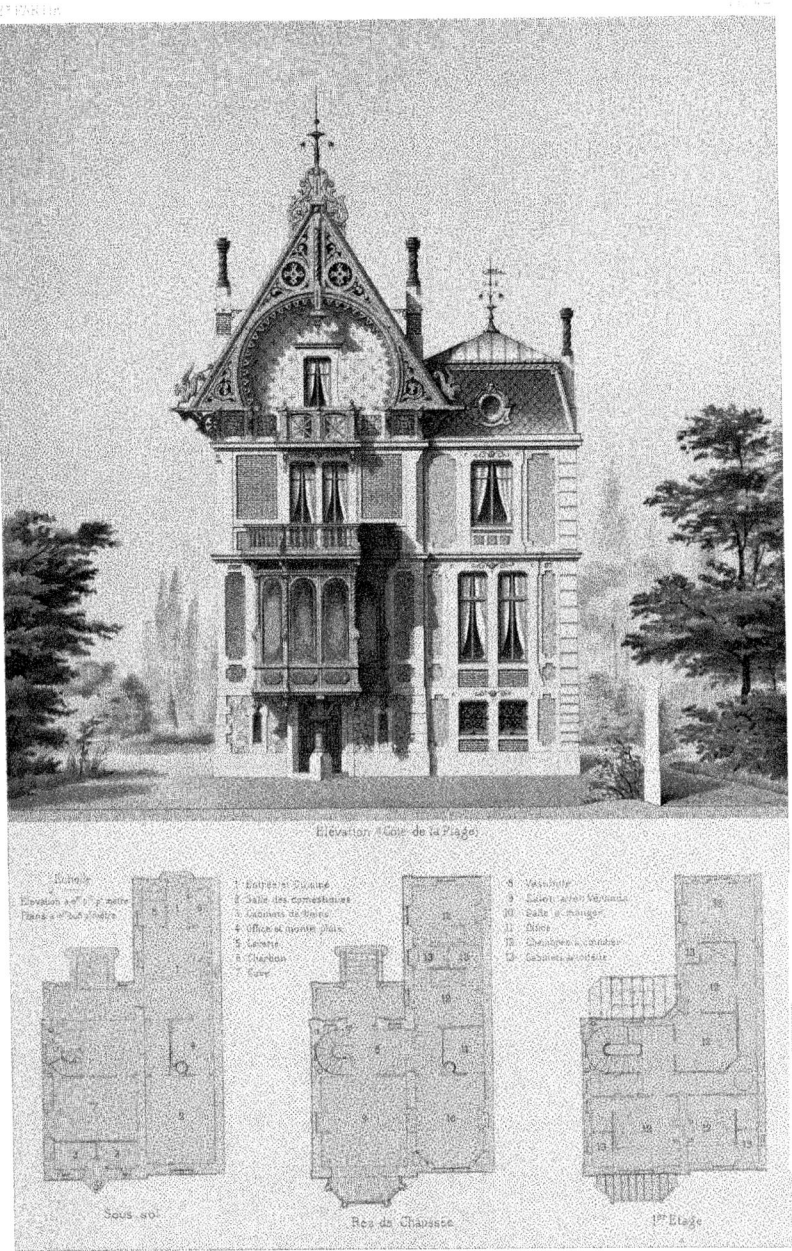

LA BRIQUE ORDINAIRE

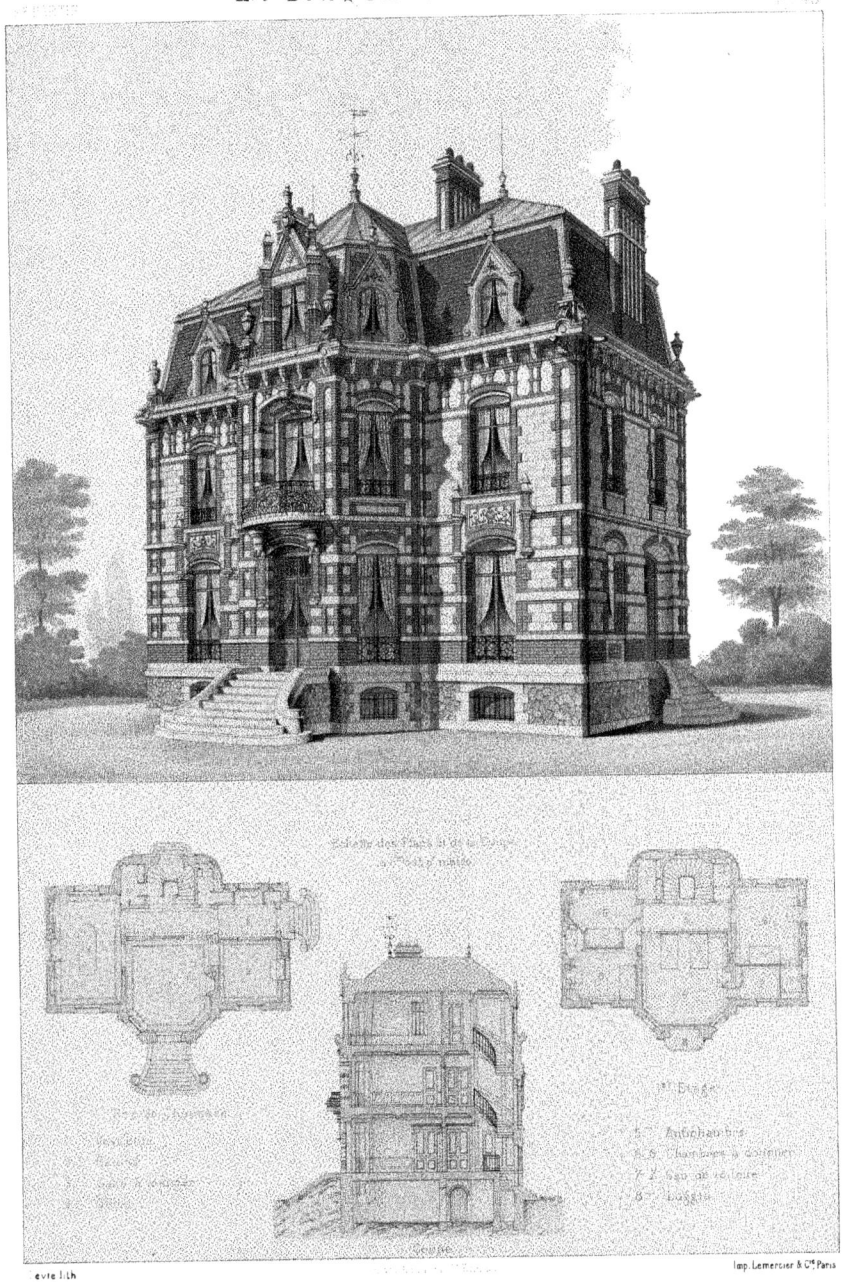

VILLA
Rue de Croissy, a Chatou (Seine-et-Oise). Vue perspective, Coupe et Plans
par M. E. BARDON, Arch.te

Légende

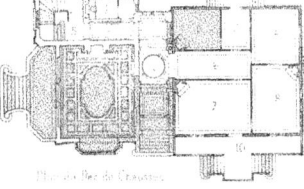

1. Grand perron
2. Salle à manger
3.3 Vestibules
4.4 Dégagements
5. Escalier

Seconde partie

6. Cabinet de travail
7. Salon
8. Chambres
9. W.C. et Closets
10. Terrasse

Plan du Rez-de-Chaussée

Échelle du Plan à 0ᵐ004 p. mètre

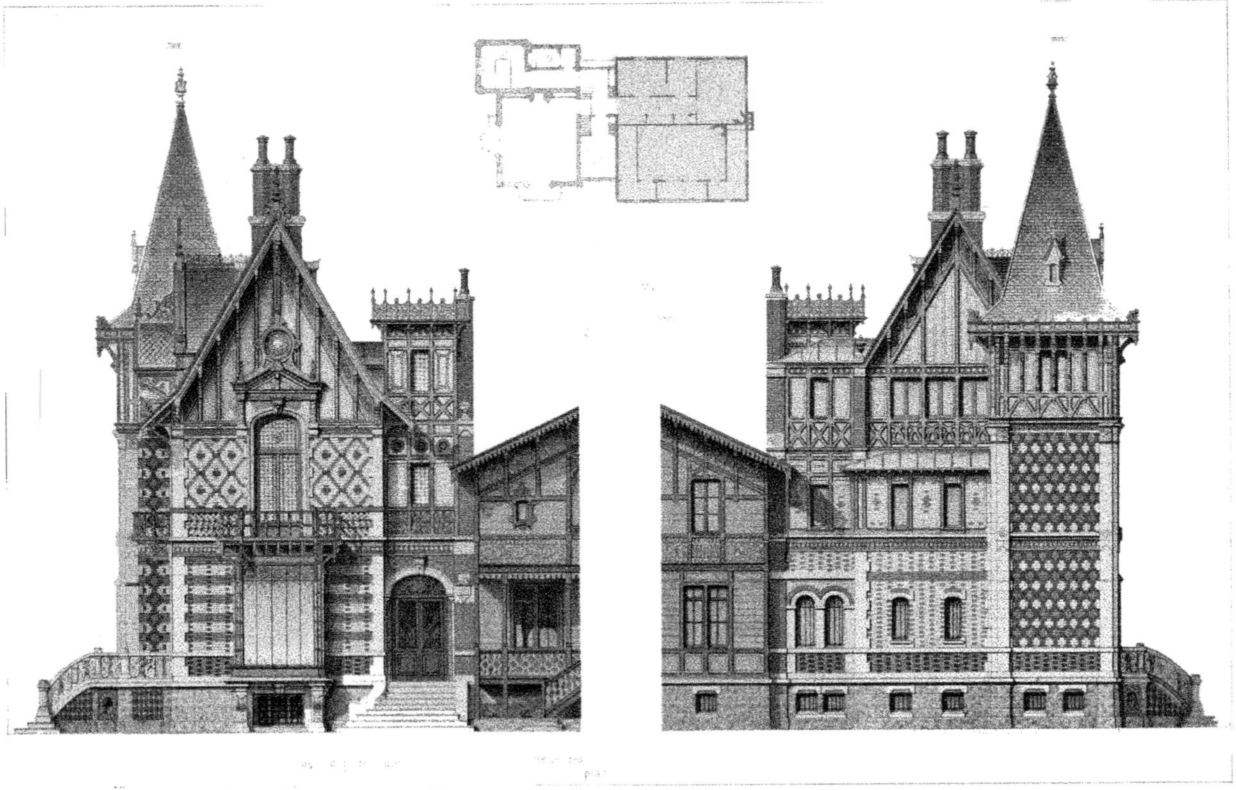

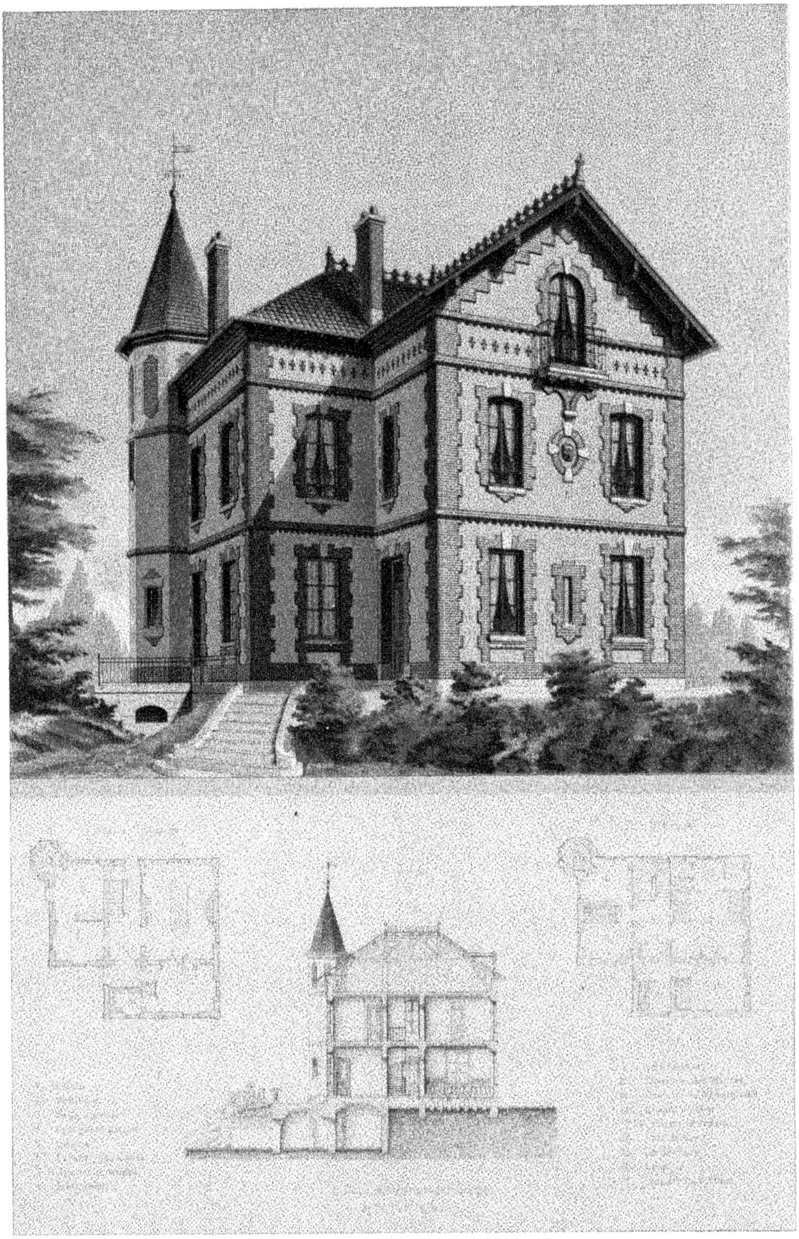

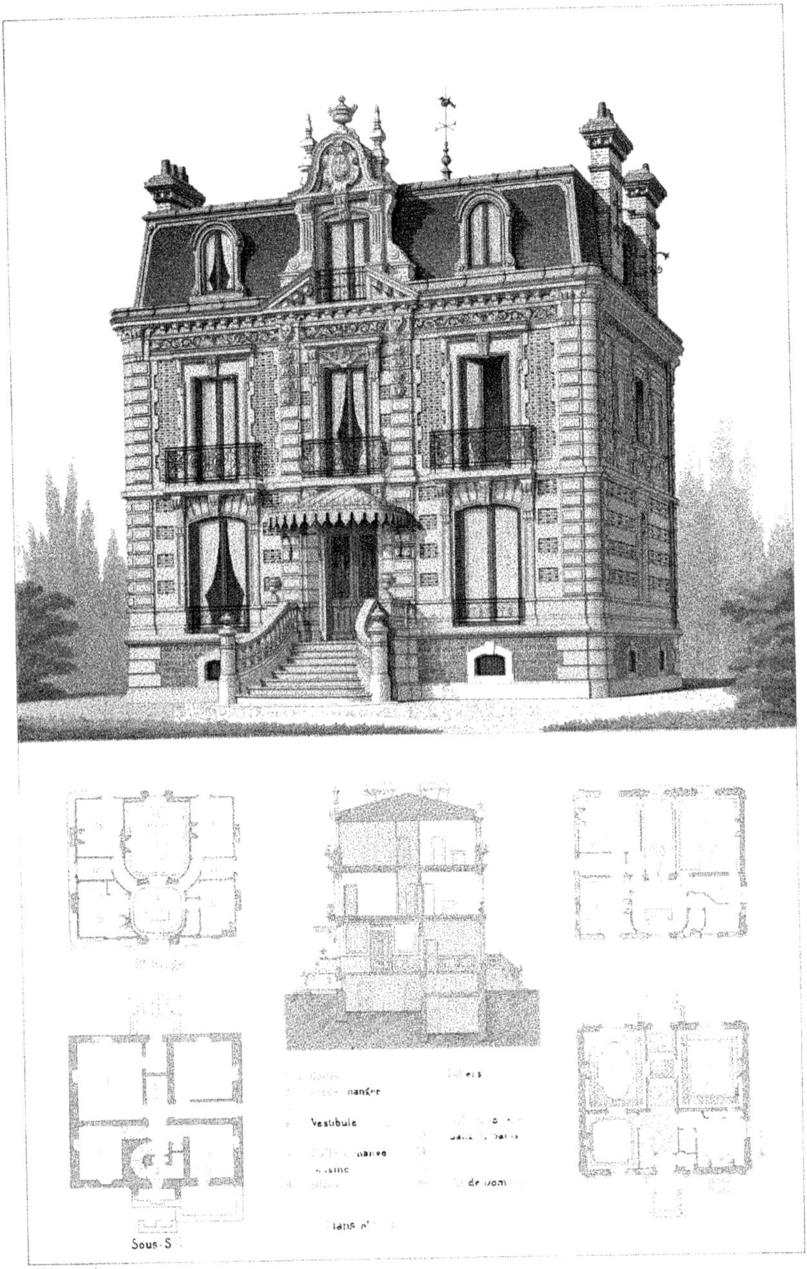

Samer lith

Daumesnil N°

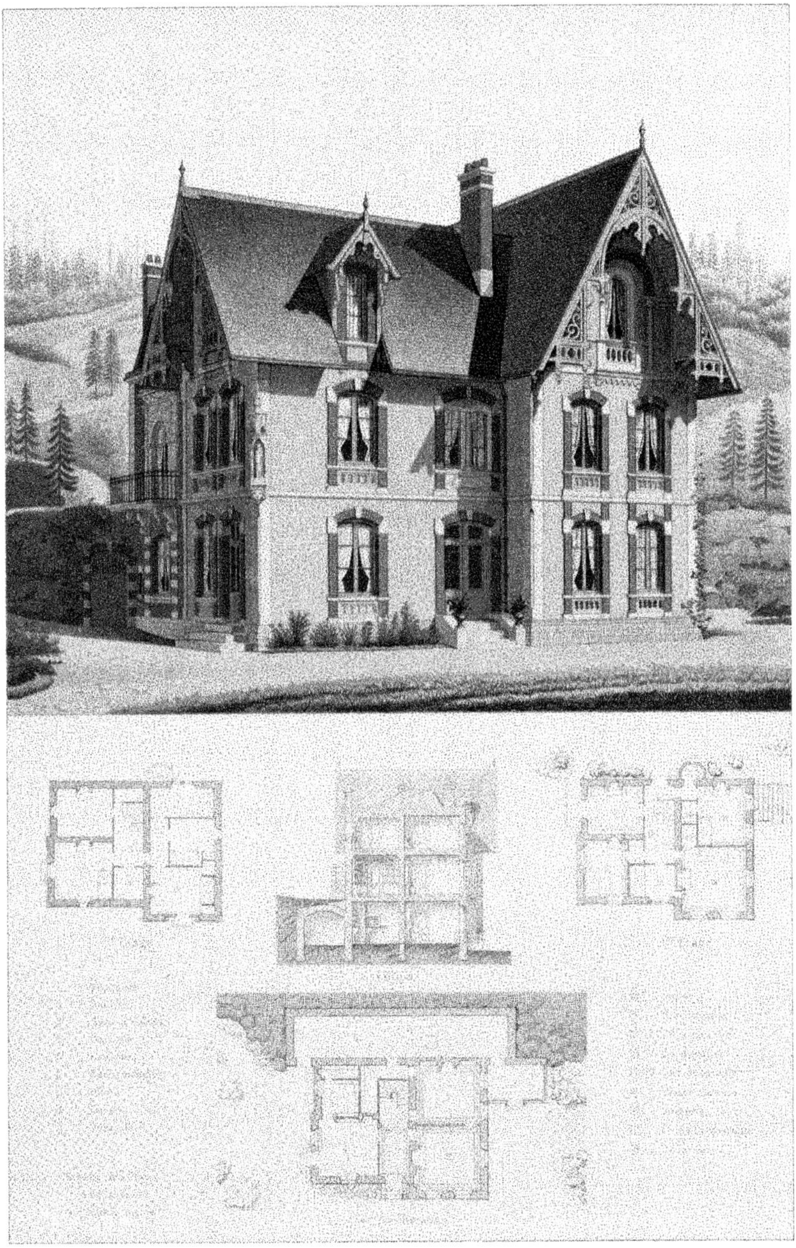

FABRIQUE ORDINAIRE

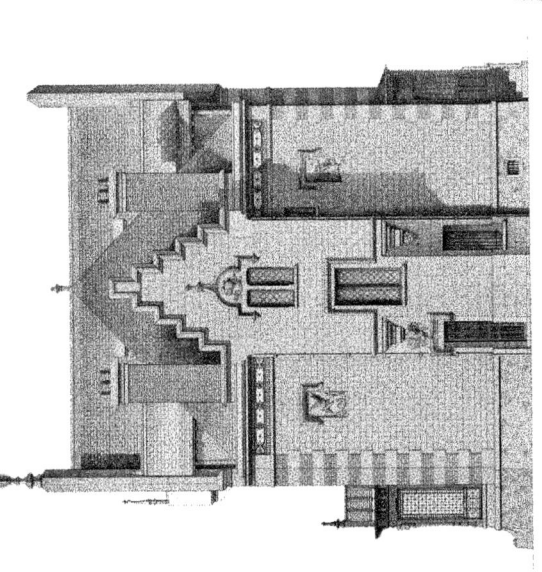

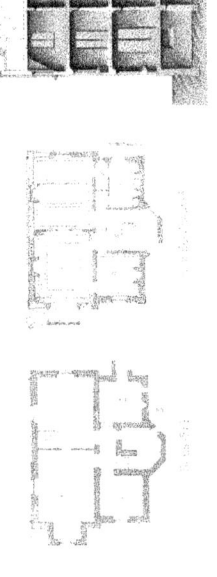

VILLA

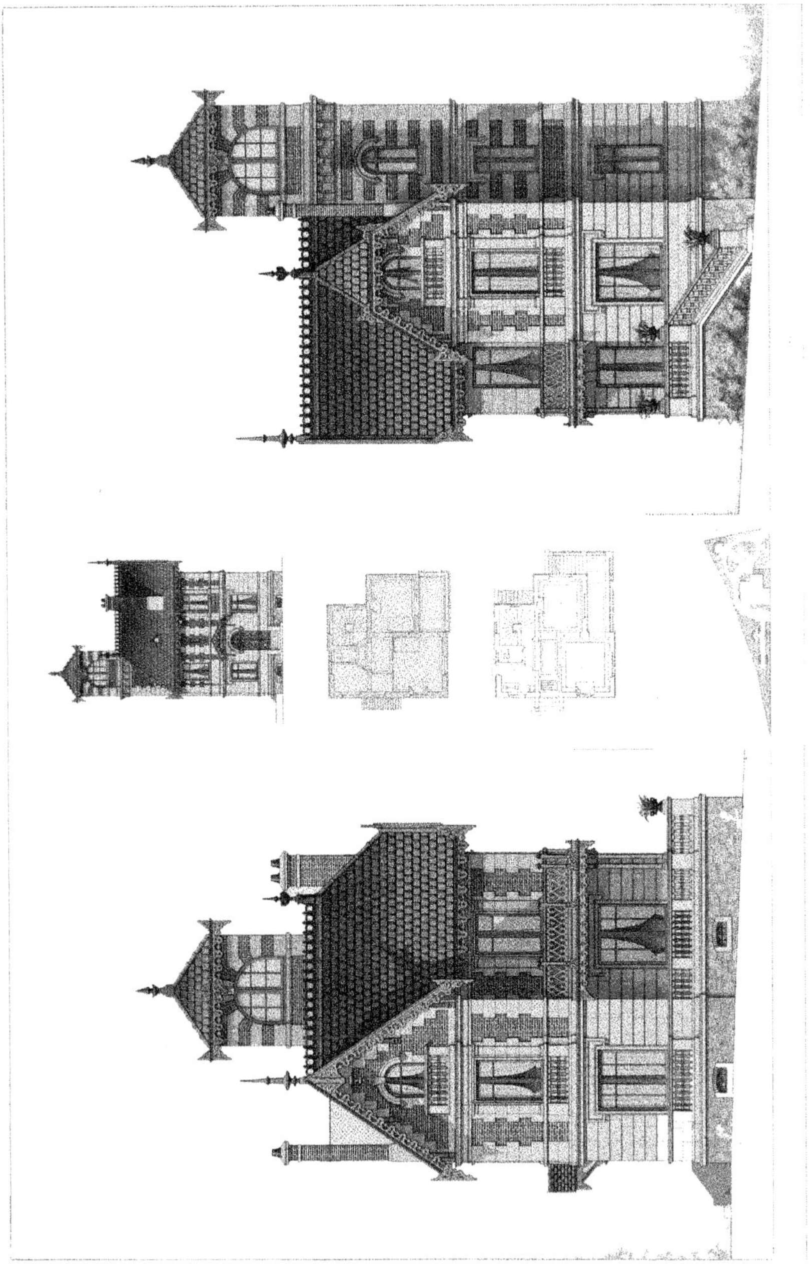

2ᵉ PARTIE LA BRIQUE ORDINAIRE PL. 54.

VILLA
à Beuzeval (Calvados)_Vue perspective
par Mr ED. SINGERY, Archte.

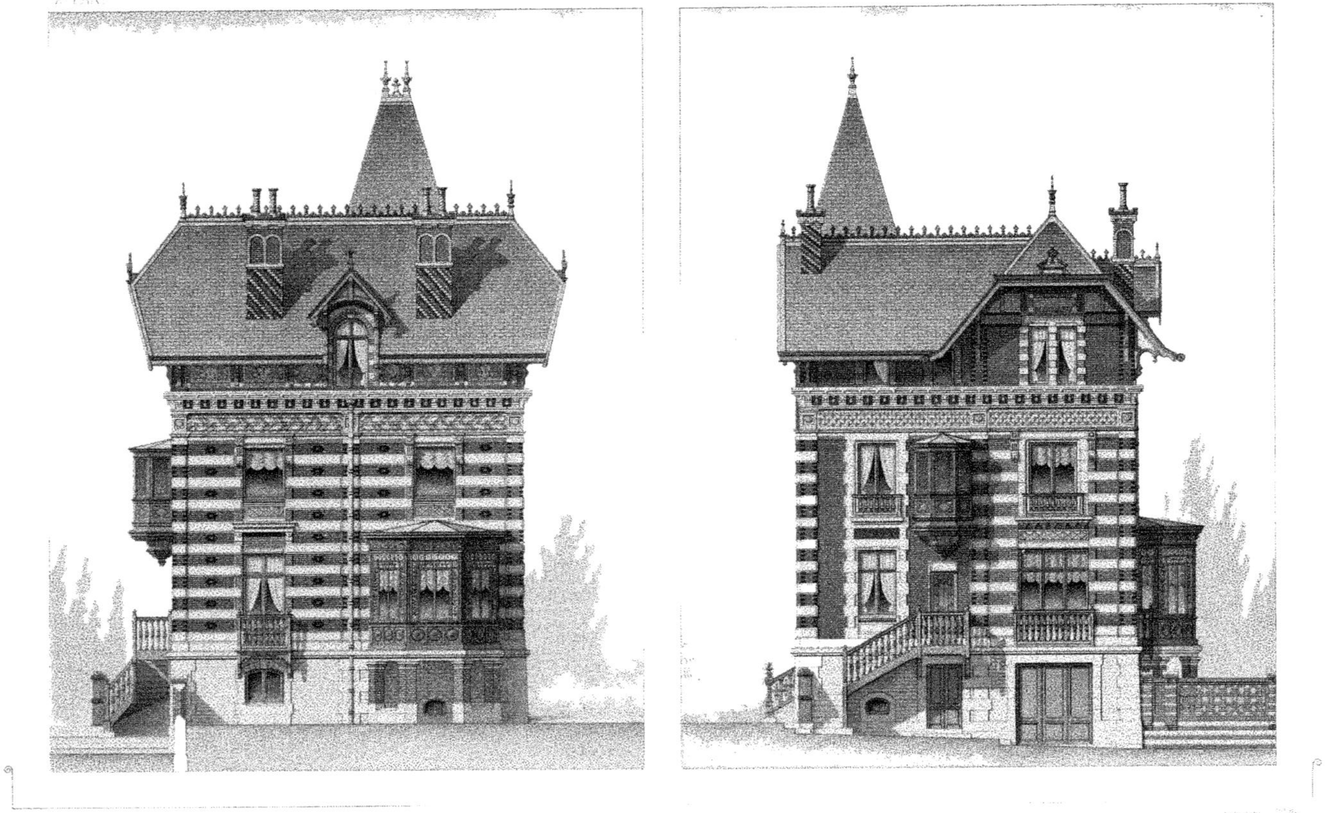

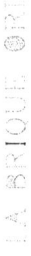

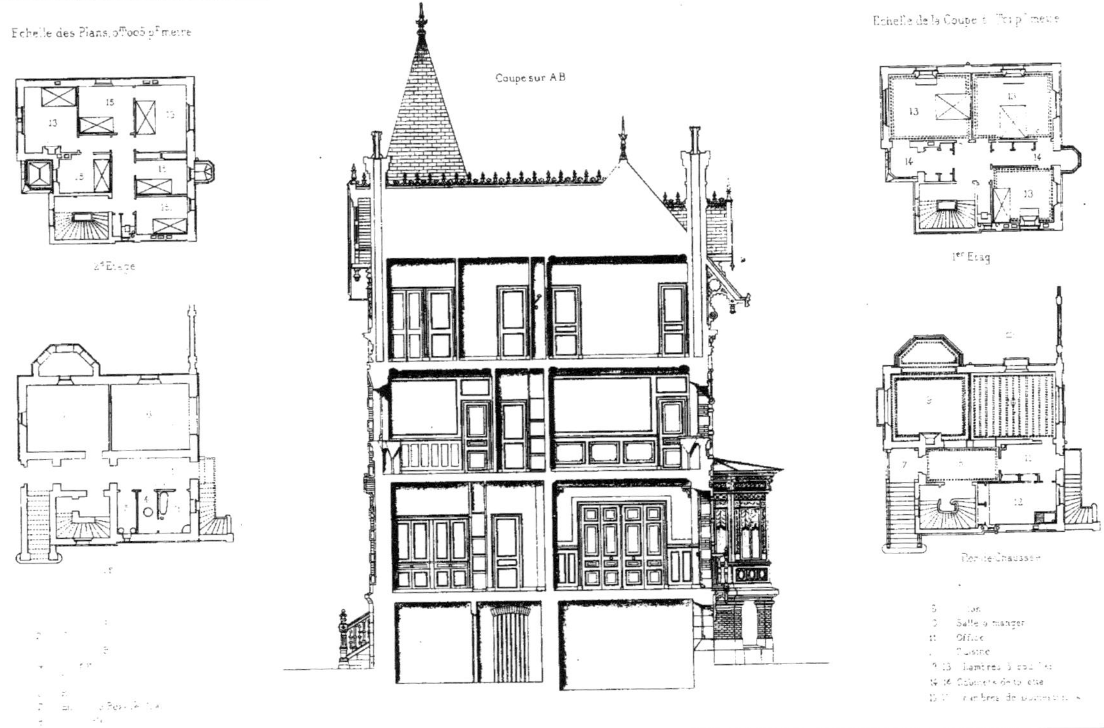

Imp. Lemercier & Cie Paris

VILLA

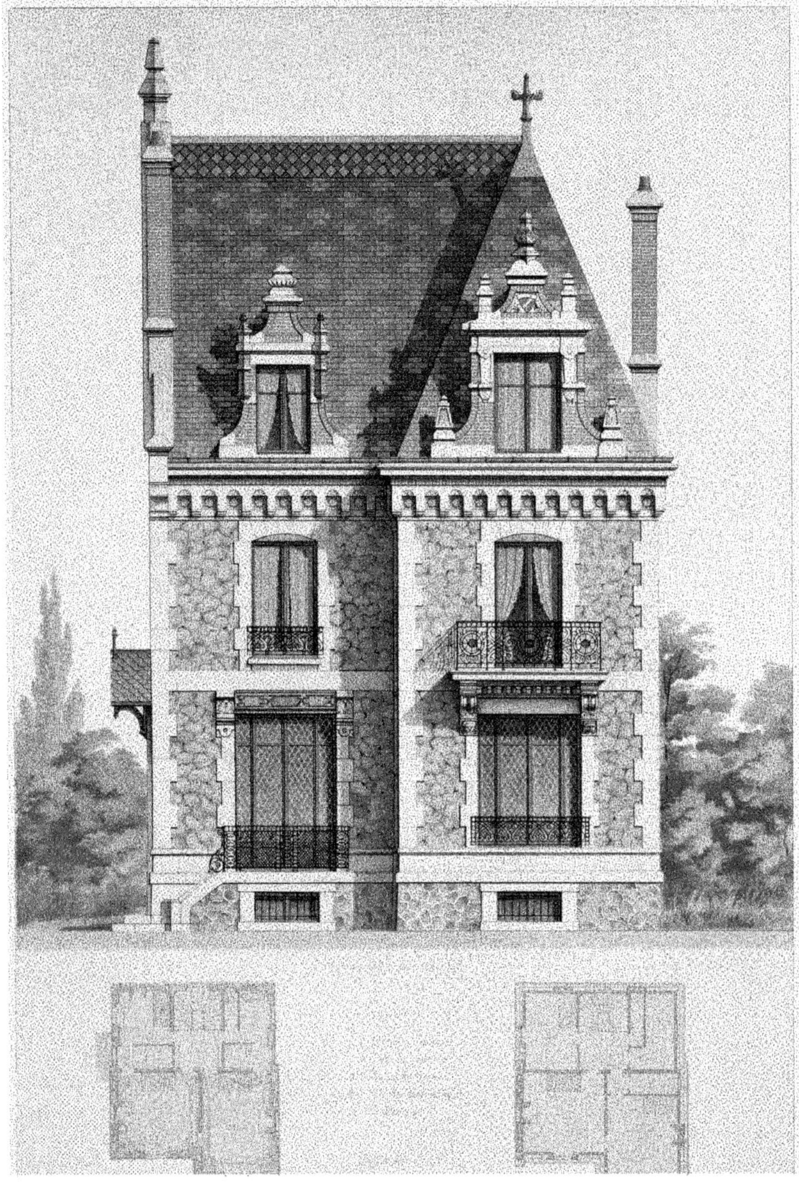

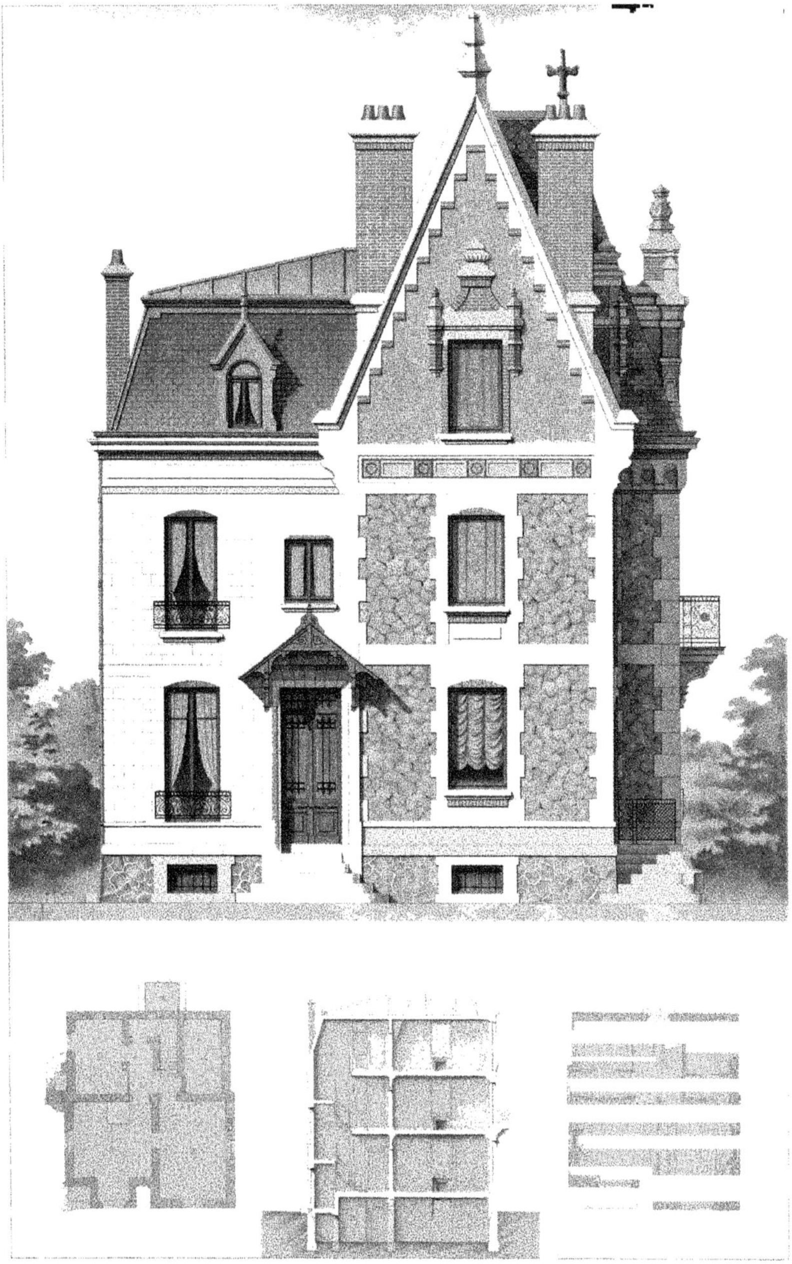

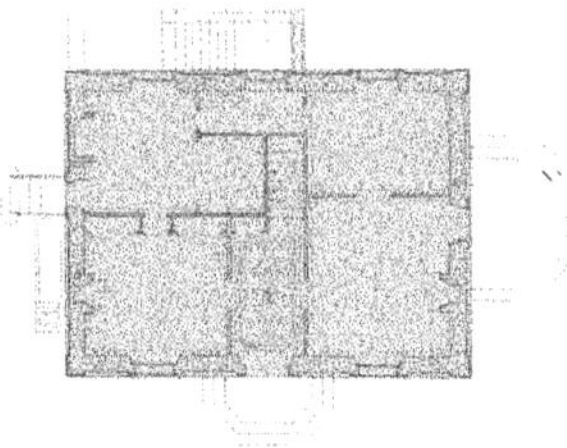

Terrasse

o o1 p. metre

Echelle des fig 2

a 0m005 p.

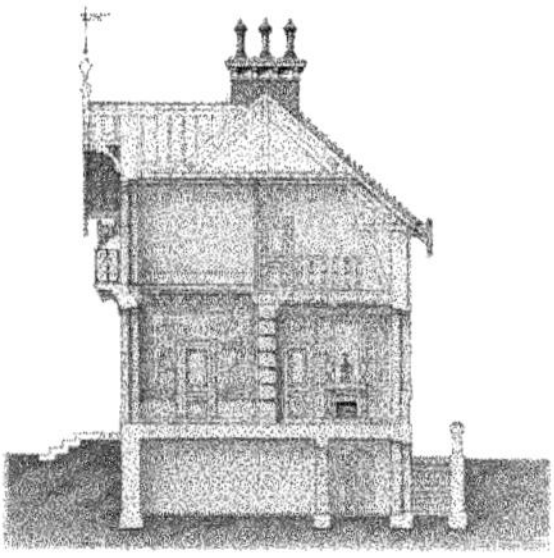

Imp Lemercier & C. Paris

Soi

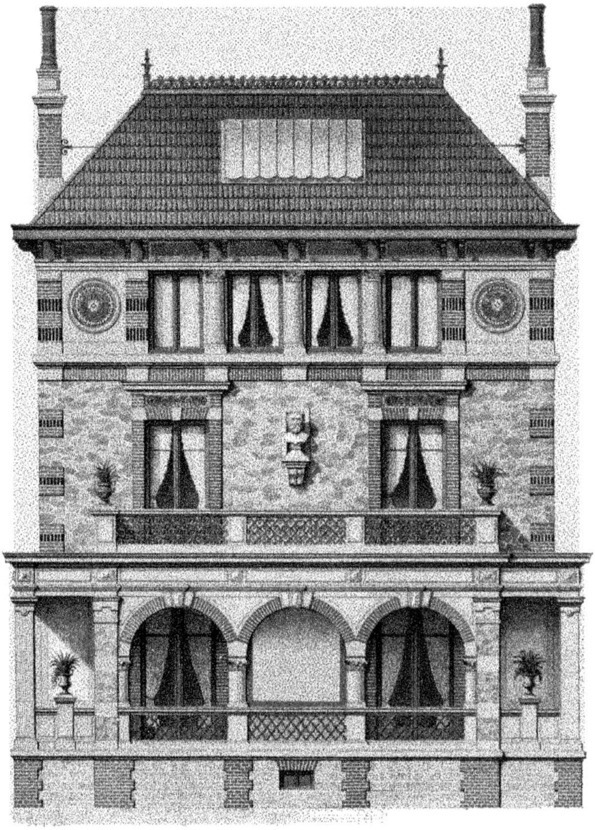

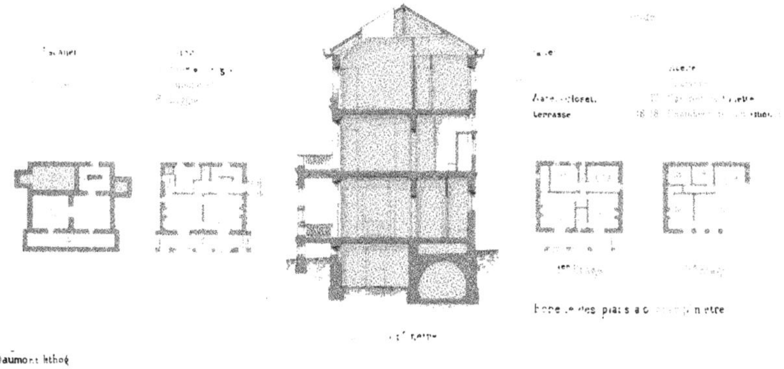

Daumont lithog

JOUANNIN et

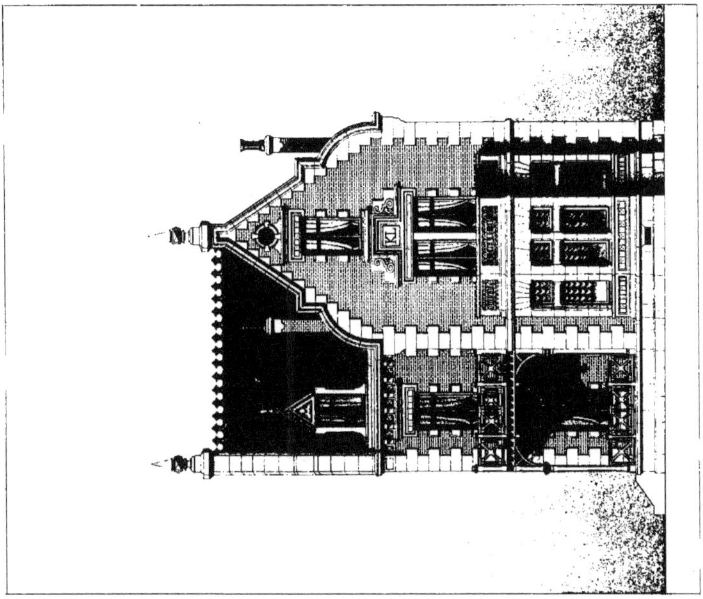

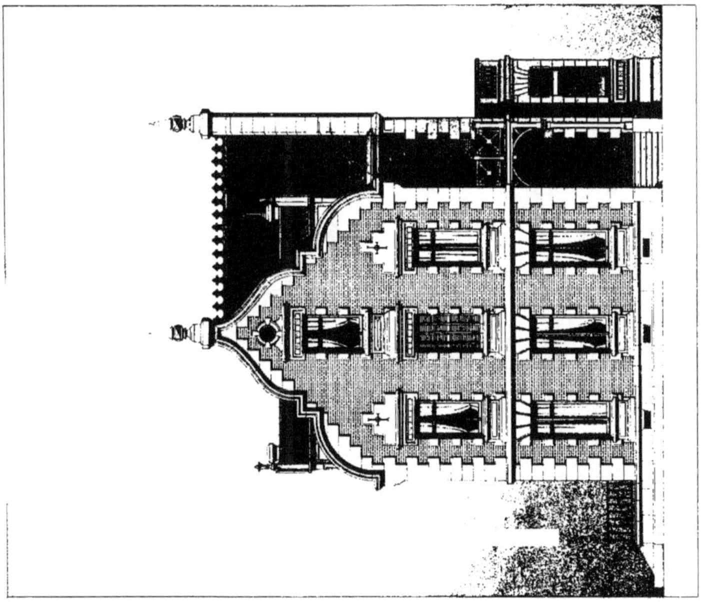

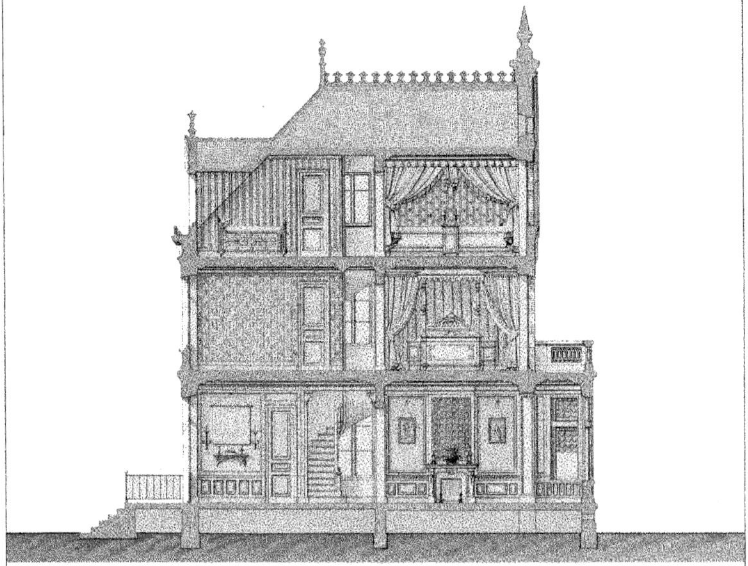

2.e PARTIE — LA BRIQUE ORDINAIRE. — Pl. 62

Coupe sur AB

Légende

1. Perrons
2. Vestibule
3. Salon
4. Salle à manger
5. Cuisine
6. Office
7. Fosse
8. Dégagement
9. 9 Chambres à coucher
10. Garde-robe
11. Terrasse

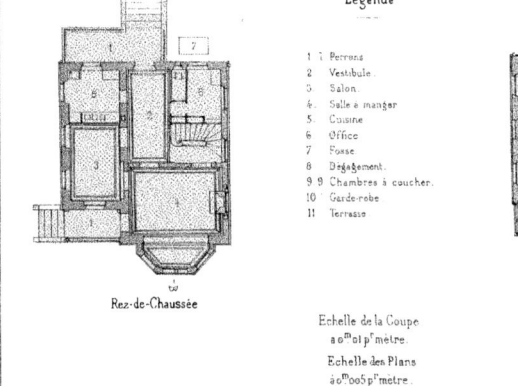

Rez-de-Chaussée

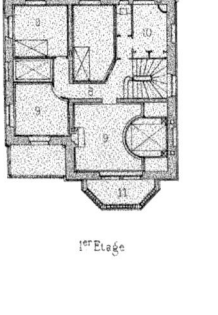

1er Étage

Echelle de la Coupe
à 0.m 01 p.r mètre

Echelle des Plans
à 0.m 005 p.r mètre

Sanier lith. — André, Daly fils & Cie Éditeurs. — Imp. Lemercier & Cie Paris

VILLA
à Lion-sur-Mer (Calvados) — Coupe et Plans
par M. ED. WEYLAND, Arch.te